Muhammad Ammad Khan

Integração de um suporte flexível para políticas de segurança no OpenMRS

Muhammad Ammad Khan

Integração de um suporte flexível para políticas de segurança no OpenMRS

Flask, Arquitetura de Segurança, TCB, Monitor de Referência

ScienciaScripts

Cover image: www.ingimage.com

This book is a translation from the original published under ISBN 978-3-330-34591-1.

Publisher:
Sciencia Scripts
is a trademark of
Dodo Books Indian Ocean Ltd. and OmniScriptum S.R.L publishing group

120 High Road, East Finchley, London, N2 9ED, United Kingdom
Str. Armeneasca 28/1, office 1, Chisinau MD-2012, Republic of Moldova, Europe
Printed at: see last page
ISBN: 978-620-7-63449-1

ÍNDICE DE CONTEÚDOS:

CAPÍTULO 1

Introdução

A segurança das aplicações de software é crucial para as necessidades emergentes das tecnologias de software actuais. A arquitetura de segurança subjacente aos sistemas de software é um dos aspectos fundamentais para garantir a confidencialidade e a integridade. As aplicações de software e a arquitetura de segurança devem estar bem definidas e separadas. A realização dessa separação é o ponto de aplicação da política (PEP) e o ponto de decisão da política (PDP), que suporta a flexibilidade da política.

O OpenMRS é um sistema de software de registo médico eletrónico disponível publicamente, de fonte aberta e baseado na Web. O OpenMRS é um dos sistemas de gestão da informação que utiliza uma arquitetura de segurança fraca, que deve ser considerada. O OpenMRS utiliza a política de *controlo de acesso com base em funções* (RBAC) para aceder aos recursos e garantir a segurança do sistema, que é uma política fixa [Rizl6]. As políticas de segurança e o código não confiável não estão bem separados para suportar políticas de segurança flexíveis no OpenMRS.

1.1 Declaração do problema

O sistema OpenMRS não é capaz de aplicar políticas de segurança flexíveis, uma vez que a política de segurança RBAC é distribuída e está fixada no sistema de software. Para introduzir o apoio a políticas de segurança flexíveis, é necessário um sistema de monitorização de referência.

1.2 Objetivo

A ideia deste trabalho é redesenhar a arquitetura de segurança do OpenMRS. No entanto, os objectivos seguintes fornecem uma visão global para redesenhar a sua arquitetura de segurança:

1. Introduzir a capacidade de suportar políticas de segurança flexíveis no OpenMRS.
2. Conceber uma arquitetura de segurança para o OpenMRS, que apoie plenamente os três princípios do monitor de referência.
3. Uma base informática fiável (BTC) bem definida, ou seja, identificável, pequena e que siga os princípios do monitor de referência.

1.3 Estrutura

Este trabalho está dividido em sete capítulos. O capítulo 2 apresenta os fundamentos básicos dos princípios da arquitetura de segurança e uma introdução ao OpenMRS. Além disso, é feita uma introdução às ideias do Flask, que orienta a reformulação da arquitetura de segurança do OpenMRS.

No capítulo 3, a análise do OpenMRS é abordada em diferentes camadas de conceção e fornece um roteiro para a reformulação da arquitetura de segurança. Da mesma forma, o capítulo 4 aborda as ideias do Flask, que também ajudam a redesenhar a arquitetura de segurança do OpenMRS.

O capítulo 5 discute os problemas do OpenMRS, comparando-o com as ideias do Flask, o que acaba por ajudar a tomar decisões de conceção em diferentes camadas de conceção do OpenMRS, para desenvolver o sistema SE-OpenMRS.

Posteriormente, no Capítulo 6, o SE-OpenMRS é avaliado em relação a objectivos importantes como o apoio a políticas flexíveis, a avaliação de TCB e o desempenho. Finalmente, o Capítulo 7 apresenta uma conclusão e discute as possibilidades de trabalho futuro.

CAPÍTULO 2

Estado da arte

Esta secção apresenta uma panorâmica da arquitetura de segurança do OpenMRS e do Flask. No entanto, antes de entrar em pormenores, é necessário destacar dois fundamentos importantes de uma arquitetura de segurança no sistema, ou seja, os princípios do monitor de referência e o TCB.

Os princípios do monitor de referência forneceram directrizes fundamentais para a conceção e implementação de arquitecturas de segurança [And72]. Um monitor de referência é um conjunto de requisitos de conceção que impõe relações autorizadas entre os sujeitos e os objectos de um sistema informático. No entanto, um monitor de referência é responsável pelas decisões de controlo de acesso com base na política de segurança que lhe é fornecida. Há três princípios fundamentais que orientam a conceção das arquitecturas de segurança há muitos anos. O monitor de referência:

1. deve ser invocada quando sujeitos e objectos interagem (mediação total).
2. devem ser isolados dos componentes não fiáveis do sistema (inviolabilidade).
3. deve ser suficientemente pequeno para poder ser objeto de análise (verificável).

Uma TCB é um conjunto de todos os componentes funcionais de um sistema, que protegem e aplicam as políticas de segurança de um sistema [AJ95]. Aborda todos os componentes de segurança de um sistema que fornecem os mecanismos de proteção dentro de um sistema. Uma TCB é a única parte de um sistema em que é necessário confiar para aplicar a política de segurança. Não é necessário que todos os componentes do sistema sejam fiáveis. Por conseguinte, todos os componentes do sistema, que não estão envolvidos no fornecimento de segurança ao sistema, pertencem a componentes não fiáveis. O monitor de referência é o componente central da TCB que normalmente inclui a PEP e a PDP. Para garantir a segurança de um sistema, um TCB deve ser correto e inviolável. Para validar uma TCB, esta deve ser simples, isolada e suficientemente pequena para ser identificável. Além disso, um BTC deve ter um *perímetro de segurança* preciso (uma fronteira que separa o código fiável do não fiável) para identificar os seus componentes. Este perímetro garante que não existe comunicação insegura entre os componentes fiáveis e não fiáveis. A comunicação entre o BTC e os componentes não fiáveis deve ser estabelecida utilizando caminhos fiáveis sem expor o BTC a vulnerabilidades de segurança.

2.1 OpenMRS

O OpenMRS é um sistema de software público licenciado que fornece o sistema de registos médicos electrónicos para a informática médica nos países em desenvolvimento [Orgl6d]. Para melhorar a indústria dos cuidados de saúde num ambiente de recursos limitados, este sistema de software de gestão da informação fornece uma plataforma eficiente para gerir os registos dos pacientes. O OpenMRS foi desenvolvido para resolver o problema da configuração dos sistemas de registos médicos electrónicos (EMR), de modo a suportar a flexibilidade e a escalabilidade, para que não seja necessária uma programação especializada para alterações como a adição de novos formulários. Para este efeito, o OpenMRS foi tornado público, a fim de o tornar acessível a partir de todos os países para contribuições de fonte aberta. O OpenMRS tem uma comunidade global de código aberto que desenvolve e dimensiona este sistema de software. A comunidade inclui programadores e utilizadores de teste de muitos países. O grupo de trabalho do OpenMRS proporcionou esta plataforma, que beneficia tanto os utilizadores finais como os responsáveis pela aplicação, para inovar novas ideias e melhorar o sistema.

O OpenMRS foi concebido para ser um sistema EMR genérico com funcionalidades como a importação de dados de outros sistemas de cuidados de saúde, o tratamento de doentes, a criação de relatórios, a recolha de observações e notas sobre os doentes. Com recursos limitados, foi necessário desenvolver um modelo de dados genérico que modelasse explicitamente os conceitos e dados médicos, que pudesse ser lido e alterado por utilizadores experientes e não apenas por programadores de aplicações. Para isso, o OpenMRS utiliza um dicionário de dados chamado dicionário de conceitos para representar todos os itens de dados possíveis, que é discutido em mais pormenor na subsecção 3.1.1. A principal diferença entre o OpenMRS e a maioria dos outros sistemas EMR é a utilização de um dicionário de dados abrangente para todos os tipos de dados. O dicionário de conceitos permite que os utilizadores finais acrescentem novos itens de dados ao OpenMRS sem alterar a estrutura da base de dados, o que torna a estrutura subjacente da base de dados flexível e dinamicamente escalável [MBW+ 06].

2.1.1 Conceção do OpenMRS

Como se pode ver na Figura 2.1, o sistema OpenMRS é construído em *Java* utilizando uma estrutura de aplicação *Spring de código* aberto. O seu modelo de dados está integrado numa interface de programação de aplicações (API) que utiliza a base de dados MySQL como backend. A aplicação cliente front-end constitui a camada de apresentação e é desenvolvida utilizando Java Server Pages (JSP), Hypertext Markup Language (HTML) e jQuery. Além disso, o OpenMRS tem uma camada de serviço back-end que permite adicionar módulos de software ao sistema principal. O sistema de módulos simplifica a criação e a adição de novas funcionalidades para os programadores. Por outro lado, a camada de serviço oculta as complexidades do modelo de dados subjacente, o que garante que as aplicações e os módulos que utilizam a API seguem um conjunto semelhante de regras comerciais para gerir os dados do sistema EMR. O OpenMRS utiliza o sistema de módulos para manter a base de código. O sistema de módulos ajuda os contribuintes de código aberto a integrar o código sem modificar o código da API principal do OpenMRS [Wikl6a]. Uma lista completa de todos os módulos do OpenMRS está disponível no seu sítio Web oficial [Orgl6c]. Por exemplo, um módulo é o *Form Entry,* que permite a apresentação de formulários *Microsoft InfoPath* para a introdução de dados no OpenMRS.

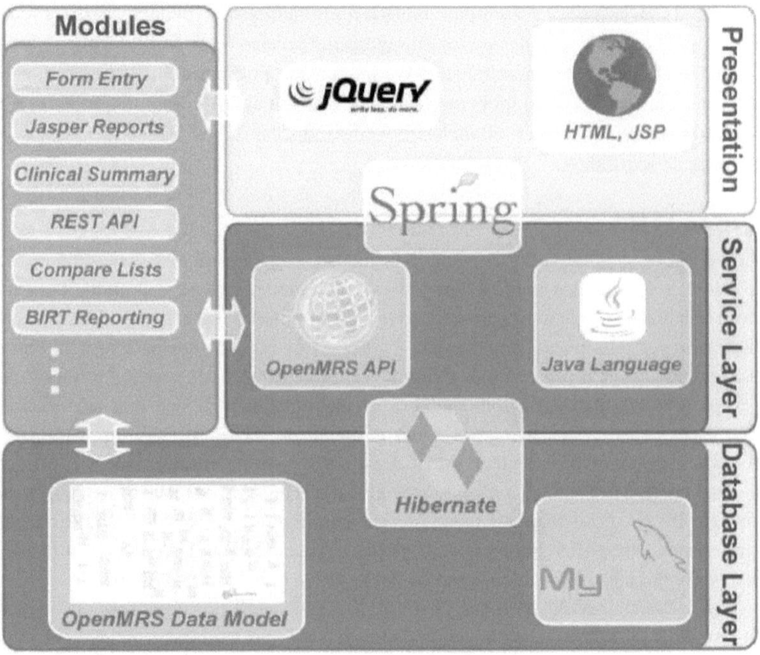

Figura 2.1: Conceção multicamada do OpenMRS [Wikl6b].

2.1.2 Segurança do OpenMRS

A arquitetura de segurança subjacente aos sistemas de software é um dos aspectos fundamentais para garantir a segurança do sistema. O OpenMRS utiliza o RBAC para aceder a recursos para garantir a segurança do sistema, que é uma política fixa [Rizl6]. O RBAC fornece um mecanismo consistente para restringir o acesso aos recursos disponíveis no OpenMRS. No entanto, o OpenMRS não dispunha de um mecanismo para restringir o acesso a informações específicas, por exemplo, um médico pode aceder ao registo de um paciente A, mas não ao de um paciente B, ou um médico pode aceder aos dados de um paciente, exceto a resultados laboratoriais específicos. Para resolver esta questão, foi introduzido o controlo de acesso baseado na relação (ReBAC) [RFCS 15]. No ReBAC, existe um controlo explícito das relações entre os indivíduos no sistema e as decisões de autorização são tomadas com base nessas relações. No entanto, o controlo de acesso no ReBAC também é codificado da mesma forma que o RBAC no OpenMRS, o que faz com que a flexibilidade das políticas continue a ser um problema em aberto no OpenMRS, uma vez que não houve progressos no apoio à flexibilidade das políticas de segurança.

O sistema OpenMRS não é capaz de executar políticas de segurança flexíveis, dado que a política de segurança RBAC está distribuída no sistema. A atual arquitetura de segurança do OpenMRS apenas contém propriedades de segurança que são suportadas pela política de segurança RBAC integrada. Esta política de segurança integrada não permite a troca de políticas com uma política diferente. A fim de utilizar o sistema de software OpenMRS a nível mundial, é necessário introduzir flexibilidade na política de segurança para tornar o sistema compatível com as leis de proteção de dados que utilizam políticas diferentes nos vários países.

Atualmente, no OpenMRS, os componentes fiáveis e não fiáveis estão estreitamente ligados entre si, o que torna impossível definir com precisão o perímetro da TCB. Para suportar uma série de políticas de segurança no OpenMRS, deve haver uma separação clara entre PEP e PDP, que é a ideia central da arquitetura de segurança Flask. Além disso, para tornar o sistema OpenMRS seguro e garantir a correção das propriedades de segurança, os componentes de segurança do OpenMRS devem também seguir as orientações básicas dos princípios do monitor de referência e do TCB.

2.2 Frasco

Na área da segurança da informação, o Flask é uma arquitetura de segurança bem conhecida que suporta uma vasta gama de políticas de segurança e a sua implementação como aspeto de segurança em sistemas operativos (SO) [SSL+99]. A arquitetura Flask utiliza conceitos de computação de confiança e princípios de monitor de referência, que fornecem uma interface designada por servidor de segurança, para submeter políticas de segurança do mundo real e tornar a política de segurança do sistema flexível. O servidor de segurança é um ponto único que inclui todas as políticas de segurança de forma centralizada, onde todas as decisões de segurança são tomadas. O Security- Enhanced Linux (SELinux) é uma implementação da arquitetura Flask. Foi criado através da integração da arquitetura de segurança Flask no sistema operativo Linux. A arquitetura de segurança Flask fornece gestores de objectos que aplicam políticas de segurança em pontos de aplicação de políticas no SELinux [LS01].

A arquitetura de segurança do Flask suporta perfeitamente a integração de segurança flexível no sistema. Um sistema de software tem de ser suficientemente flexível para suportar uma vasta gama de políticas de segurança, um controlo de acesso de precisão e a propagação de direitos de acesso de acordo com a política de segurança. O mecanismo de controlo de acesso do OpenMRS pode tornar-se mais seguro e flexível em termos de políticas integrando a ideia da arquitetura Flask no sistema. Embora o Flask tenha sido introduzido para o sistema operativo, a sua ideia é genérica, razão pela qual se deve utilizar esta arquitetura de segurança para um suporte flexível das políticas num sistema de software.

2.2.1 Conceção do frasco

Como mostra a Figura 2.2, a arquitetura de segurança do Flask exige que o sistema inclua um monitor de referência. Em especial, a arquitetura exige as propriedades de verificabilidade, integralidade e isolamento. O Flask inclui um servidor de políticas de segurança para tomar decisões de controlo de acesso, que é um PDP. Estas decisões são enviadas aos gestores de objectos no sistema para aplicar as decisões de controlo de acesso utilizando PEP. O cliente começa por pedir aos gestores de objectos que realizem uma operação, por exemplo, o acesso a um recurso. O pedido é enviado ao servidor de segurança para decisão. Uma vez tomada a decisão, os gestores de objectos respondem em conformidade com a decisão tomada. Esta é a arquitetura básica do funcionamento do Flask.

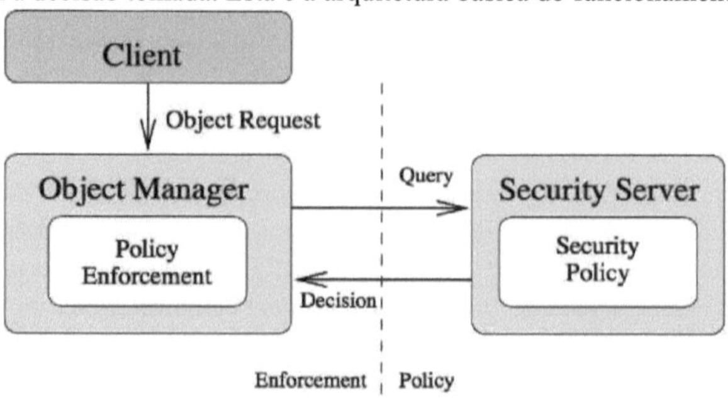

Figura 2.2: Desenho arquitetónico básico do Flask [SSL+99].

A ideia do Flask ilustra perfeitamente o problema da flexibilidade das políticas de segurança no sistema. Além disso, a sua arquitetura utiliza perfeitamente os princípios do monitor de referência e os conceitos de computação de confiança. A separação clara entre PEP e PDP proporciona uma visão coerente das decisões políticas, independentemente do modo como as decisões são tomadas e da forma como a política de segurança pode mudar. Para fornecer suporte flexível à política de segurança do OpenMRS, as ideias da arquitetura Flask podem ser utilizadas para reestruturar a arquitetura de segurança do OpenMRS, tal como foi feito no SELinux.

CAPÍTULO 3

Análise da MRS aberta

O objetivo deste capítulo é fornecer uma breve análise dos fundamentos básicos do OpenMRS. A discussão começa com as camadas de conceção da arquitetura e expande-se para a arquitetura de segurança do OpenMRS. O modelo de dados do OpenMRS e a sua arquitetura de segurança são o nosso principal interesse, uma vez que estas duas secções nos guiam na reformulação da sua arquitetura de segurança.

Como se mostra na subsecção 2.1.1 da Figura 2.1, a conceção arquitetónica do OpenMRS contém três camadas diferentes: as camadas de *apresentação, de serviço* e *de base de dados*. Esta conceção multicamadas isola as responsabilidades do sistema para permitir o seu desenvolvimento e manutenção eficientes.

A camada de apresentação que normalmente serve como interface do utilizador é construída com base na estrutura *Spring MVC*, JSP, HTML e jQuery. O Spring MVC fornece o padrão de design *Model View Controller* (MVC).

O OpenMRS utiliza uma mistura de controladores da estrutura Spring, ou seja, subclasses dos *controladores de formulários simples do Spring* e dos *controladores de anotações* do Spring. Como o OpenMRS é uma aplicação baseada na Web, utiliza JSP e HTML para fornecer as páginas do cliente de front-end nos navegadores Web. Enquanto o jQuery é uma biblioteca JavaScript rica para interagir com as páginas do OpenMRS.

O OpenMRS não é apenas uma aplicação simples, mas inclui um conjunto de módulos com diferentes serviços. Como mostra a Figura 2.1, o OpenMRS contém módulos incorporados, que são desenvolvidos sobre o núcleo do OpenMRS. Os serviços principais do OpenMRS podem ser utilizados para desenvolver um módulo personalizado de acordo com os requisitos do cliente.

A lógica comercial da aplicação OpenMRS está integrada na camada de serviço, que também é construída com base na estrutura Spring.

A camada de serviço utiliza a programação orientada para os aspectos (AOS) do Spring [Docl6] para fornecer e separar funções transversais como a autenticação, o registo, a segurança e o armazenamento em cache.

Além disso, o Spring fornece *Injeção de Dependência* (DI) para permitir a dependência entre diferentes componentes da camada de serviço do OpenMRS, desacoplando os objectos uns dos outros. A camada de serviço contém todas as funções de *Objectos de Acesso a Dados* (DAO) para interagir com a camada de base de dados.

A camada de base de dados é responsável pela interação com o modelo de dados real. Esta camada contém todas as funções de consulta do tipo SQL que efectuam operações de consulta nas tabelas da base de dados. A secção 3.1 aborda com mais pormenor o modelo de dados do OpenMRS que inclui a camada de base de dados.

3.1 Modelo de dados OpenMRS

A camada de base de dados permite o acesso da camada de serviço ao modelo de dados OpenMRS, expondo os serviços através de funções de interface para interagir com as tabelas da base de dados. A base de dados na camada de base de dados contém cerca de 99 tabelas até à data [Wikl6c]. As enormes tabelas da base de dados incluem muitas relações. Existe uma relação 1:1 entre as entidades e as tabelas da base de dados.

Para cada entidade existe uma tabela; por exemplo, para as entidades *doente* e *utilizador*, existe uma

tabela "*Doente*" e uma tabela "*Utilizador*". Para manter o controlo das relações entre tabelas e objectos Java específicos do domínio, o OpenMRS utiliza *o Hibernate* [Orgl6a], que é uma biblioteca de mapeamento objeto-relacional.
Além disso, *o Liquibase* [Orgl6b] é utilizado para gerir as alterações da base de dados relacional. O Liquibase fornece um registo de alterações do esquema da base de dados, que é um registo das alterações do esquema ao longo do tempo, permitindo assim a atualização ou a redução programática do esquema a pedido.

O modelo de dados do OpenMRS aborda quem, o quê, quando, onde e como dos encontros médicos. Estas questões são abordadas por várias tabelas no modelo de dados. Para gerir este grande número de tabelas da base de dados, as tabelas são categorizadas em diferentes domínios [Wiklfie]. A Figura 3.1 mostra a versão simplificada dos domínios do modelo de dados. No entanto, a versão detalhada do diagrama de domínio Entidade-Relacionamento (ER) está disponível no sítio oficial do OpenMRS [Wikl6f], que é demasiado grande para caber aqui. Se a imagem for ampliada, existem blocos de cores diferentes que realçam os diferentes domínios.

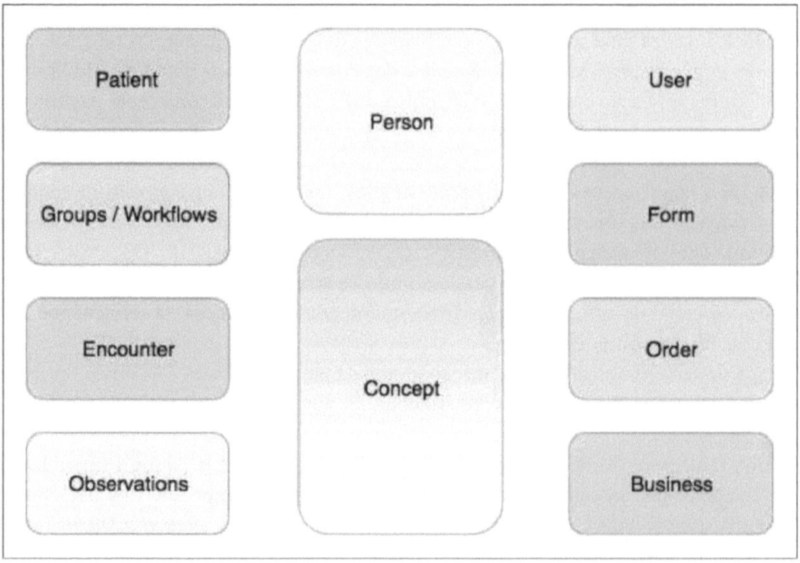

Figure 3.1: Domínios do modelo de dados OpenMRS [Orgl7a].

3.1.1 Dicionário de conceitos

A maior parte dos domínios da figura 3.1 estão logicamente ligados entre si. O domínio Encounter contém os metadados sobre as intervenções do doente efectuadas pelos prestadores de cuidados de saúde. Por outro lado, o domínio da observação contém informações médicas efectivas. Para um encontro, pode haver muitas observações.

Considere-se um sistema de base de dados que utiliza uma tabela plana, ou seja, um encontro por linha e, digamos, 4 observações por encontro, pelo que cada encontro terá 4 colunas, que armazenam as observações. O quadro 6.1 mostra uma tabela plana deste tipo. Se forem efectuadas mais 20 observações para um encontro, será necessário alterar a tabela da base de dados para acrescentar mais 20 colunas. A conceção de uma tabela plana torna o sistema pouco escalável em termos *dinâmicos,* pelo que não é viável escalar para centenas de observações numa conceção de tabela plana.

col1	col2	col3	col4	col5
Encounter 1	Observation 1	Observation 2	Observation 3	Observation 4
Encounter 2	Observation 1	Observation 2	Observation 3	Observation 4
.	.	.	.	.
.	.	.	.	.
Encounter n	Observation 1	Observation 2	Observation 3	Observation 4

Tabela 3.1: Tabela plana.

Para tornar o sistema dinamicamente escalável, o modelo de dados do OpenMRS utiliza dois conceitos-chave: *Dicionário de conceitos* e método *empilhado* para armazenar registos médicos. O Dicionário de Conceitos é a base de conhecimentos de termos médicos no OpenMRS, que armazena todos os jargões médicos necessários para entrevistar ou diagnosticar doentes sob a forma de conceitos para um determinado doente. Assim, o dicionário de conceitos armazena todas as definições de conceitos. Os factos sobre os doentes são construídos com base em conceitos e são mapeados para os doentes através de observações. As perguntas e respostas simples são representadas por conceitos, o que é uma observação. Por exemplo, considere uma pergunta: "Qual é o grupo sanguíneo do doente?", é um conceito, e as respostas possíveis podem ser A, B, AB e O, que também são conceitos, enquanto que, no seu conjunto, é mapeado como uma observação. Estes tipos de conceitos já estão codificados no dicionário de conceitos. Os conceitos estão divididos em diferentes categorias, como sintomas, resultados de exames, prescrições médicas, etc. A estes conceitos também são atribuídos tipos de dados, alguns dos quais são texto, booleano, numérico, codificado, etc. [Wikl6d]. Além disso, uma tabela de *observação* no domínio da observação é utilizada para armazenar observações em linhas em vez de colunas, incluindo o conceito e a identificação do encontro, que é uma abordagem empilhada. Esta abordagem não exige a alteração da tabela quando se alarga o sistema de base de dados com novas observações. A Tabela 3.2 apresenta uma breve panorâmica da tabela de observações. Este comportamento também pode ser verificado no diagrama ER do modelo de dados [Wikl6f].

col1	col2	col3
Observation 1	Encounter-Id	Concept-Id
Observation 2	Encounter-Id	Concept-Id
.	.	.
.	.	.
Observation n	Encounter-Id	Concept-Id

Tabela 3.2: Tabela de observação.

3.1.2 Funções e privilégios

O OpenMRS utiliza funções e privilégios para controlar o acesso aos dados da aplicação. Os privilégios decidem o que pode e o que não pode ser acedido no sistema, por exemplo, adicionar doentes, eliminar doentes, editar doentes, etc. As funções são utilizadas para agrupar os privilégios de uma forma mais fácil de gerir, de modo a restringir o acesso aos recursos para determinadas funções. As funções também podem herdar outras funções e os respectivos privilégios. As funções principais herdam todos os privilégios existentes na função secundária. Seguem-se algumas funções especiais incorporadas no sistema OpenMRS, que não podem ser eliminadas [Wikl6g]:

1. **Anónimo: Aos** utilizadores que não iniciam sessão no OpenMRS, é-lhes atribuída a função anónima. Trata-se de um papel muito básico, pelo que os privilégios são bastante restritos, o que não compromete as informações sensíveis dos doentes.
2. **Autenticado: A** qualquer utilizador que inicie sessão no sistema OpenMRS são concedidos

todos os privilégios que são atribuídos à função autenticada.

3. **Prestador:** Esta função é utilizada para criar funções de prestador de serviços médicos mais especializadas, como estudantes de medicina, médicos, enfermeiros, especialistas, etc.
4. **Programador de sistemas:** Esta função é atribuída aos administradores do sistema e ao programador. Esta função pode aceder a todos os recursos do OpenMRS.

No sistema de software OpenMRS, as contas de administrador podem adicionar utilizadores à base de dados do sistema utilizando uma página Web de gestão de utilizadores [Wikl6g]. A um utilizador é atribuído um papel escolhido pelo administrador do sistema. Assim, cada utilizador do sistema OpenMRS tem um papel específico. Como mostra a Figura 3.2, o OpenMRS armazena todas as informações sobre os papéis e privilégios associados aos utilizadores em tabelas, existentes no domínio *User*. A relação entre as funções pai-filho, o número de privilégios atribuídos às funções e a relação entre o utilizador e a função são mantidos utilizando relações 1:1 através da criação de chaves primárias e secundárias entre as tabelas. Além disso, o domínio Utilizador mantém todas as informações sobre as funções que existem separadamente de todos os outros domínios, o que mostra que o acesso a este domínio é feito de forma explícita e é independente de todos os outros domínios, uma vez que não existe qualquer relação entre o domínio Utilizador e todos os outros domínios.

O domínio do utilizador no modelo de dados OpenMRS foi concebido utilizando os conceitos do modelo RBAC. A fim de proporcionar um suporte flexível às políticas de segurança, é necessário alterar o modelo de dados, ou seja, remover as funções, os privilégios e as suas relações das tabelas no domínio "Utilizador". Uma vez que no domínio Utilizador, as tabelas não estão relacionadas com quaisquer outras tabelas fora deste domínio, é claramente viável remover as funções, os privilégios e as suas relações do domínio Utilizador sem perturbar os outros domínios do modelo de dados.

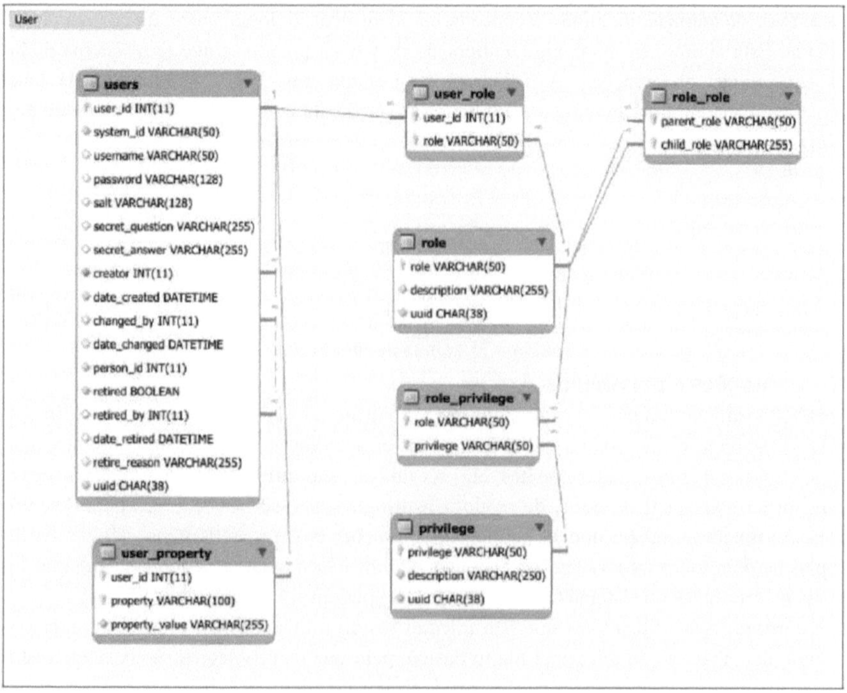

Figure 3.2: Diagrama ER do domínio do utilizador.

3.2 OpenMRS TCB

Tal como explorado no Capítulo 2, a TCB é o conjunto de todos os componentes funcionais que aplicam a política de segurança no âmbito da aplicação. O significado de confiança no mundo real corresponde exatamente à TCB nas aplicações de software. Por exemplo, quando confiamos numa pessoa, esperamos que essa pessoa faça ou não faça determinadas coisas, como um doente que partilha todas as suas informações privadas com o médico, o doente espera e confia que esta expetativa seja cumprida, que as informações privadas não sejam partilhadas com outra pessoa fora da organização. O médico que obteve as informações privadas do doente está agora em posição de as revelar. Da mesma forma, nas aplicações informáticas, os componentes do TCB são de confiança e têm a capacidade de quebrar a segurança se forem comprometidos ou se contiverem back-doors ou bugs. Uma vez que nem todas as partes de um sistema de software são de confiança, essas partes não pertencem à TCB. Os componentes que pertencem à TCB estão dentro da TCB e todos os outros componentes que não são fiáveis estão fora da fronteira imaginária, designada por *perímetro de segurança.* O perímetro divide os componentes fiáveis dos não fiáveis. Com um perímetro de segurança à volta da TCB, os dados permanecem invulneráveis a ataques se não houver erros na sua implementação. Para impor um perímetro de segurança, tem de ser definida uma interface exacta através do limite do sistema. Tal como no OpenMRS, a camada de base de dados fornece à camada de serviço acesso ao modelo de dados do OpenMRS, expondo os serviços através de funções de interface para interagir com as tabelas da base de dados, utilizando assim interfaces que a camada de base de dados esconde os pormenores de implementação da camada de serviço, actuando como um perímetro de segurança para bases de dados fiáveis. Uma vez que o OpenMRS é desenvolvido em linguagem Java com um sistema de tipagem forte que não permite a utilização de ponteiros que apontam diretamente para as instâncias de objectos [Docl7b]. Não há qualquer possibilidade de comunicar com um objeto com uma instância de classe, a não ser utilizando os procedimentos da interface. Este tipo de fronteira é conseguido apenas a nível do compilador e não é suportado pelo hardware, ou seja, pela memória, porque essas instâncias estão localizadas no mesmo espaço de cabeçalho. No âmbito do perímetro de segurança, o conjunto de TCB do OpenMRS inclui todos os mecanismos de segurança que aplicam o controlo de acesso, a autenticação, a autorização, o acesso à base de dados e a camada de serviço.

Como o OpenMRS tem diferentes camadas, todos os mecanismos de segurança do OpenMRS estão integrados na camada de serviço. A camada de serviço restringe o acesso a todos os métodos da camada de serviço, o que acaba por fornecer as informações sensíveis sobre os doentes, satisfazendo o primeiro princípio do monitor de referência, ou seja, a propriedade de *mediação total.* A mediação total refere-se à restrição do acesso ao sistema de modo a que a única forma de entrar seja através dos mecanismos de segurança. No entanto, continua a ser possível e mesmo necessário, por questões de manutenção, que os administradores acedam diretamente à base de dados, quer ligando-se ao motor da base de dados, quer acedendo aos ficheiros de dados diretamente no explorador de ficheiros. A camada de serviço utiliza dois tipos de guardas, que actuam como um monitor de referência para impor esta restrição e também actuam como o TCB, que é discutido em mais pormenor na Secção 3.3.

O monitor de referência propriamente dito é a parte da camada de serviço do OpenMRS. A camada de serviço contém todo o código fiável e não fiável que viola o segundo princípio do monitor de referência, ou seja, a propriedade *de inviolabilidade* que estabelece que o monitor de referência deve ser isolado dos componentes não fiáveis.

Uma vez que os mecanismos de segurança existem na camada de serviço, sempre que um recurso é solicitado, os PEP na camada de serviço verificam as autorizações consultando a camada de base de dados. A camada da base de dados fornece a lista de privilégios e, se o utilizador tiver determinados privilégios, o pedido é autorizado, caso contrário não. A decisão, ou seja, a PDP é tomada na camada de serviço, verificando se o requerente tem determinados privilégios. Além disso, a camada de serviço é muito grande, uma vez que contém todos os serviços OpenMRS que vão desde o fornecimento de dados até aos serviços de segurança, incluindo a PEP e a PDP. Como o monitor de referência faz parte desta camada de serviço maior, que é pequena mas não é facilmente identificável com código não fiável, isto viola o terceiro princípio do monitor de referência, ou seja, *verificável,* que afirma que deve ser pequeno e facilmente verificável ou identificável.

3.3 Arquitetura de segurança do OpenMRS

Como a lógica empresarial do OpenMRS está integrada na camada de serviço, as funcionalidades essenciais do OpenMRS são expostas como métodos da camada de serviço a uma aplicação Web. A camada de apresentação da aplicação Web chama os métodos da camada de serviço para solicitar dados, por exemplo, para aceder aos dados dos doentes. O controlo do acesso entre a camada de apresentação e a camada de serviço é conseguido limitando o acesso aos métodos da camada de serviço através da utilização de anotações de tipo. As anotações de tipo são utilizadas na linguagem Java para garantir um controlo de tipo mais rigoroso [Docl7c]. Cada método da camada de serviço é anotado com dois tipos de guardas, em que o guarda é uma especificação do requisito de permissão. Para invocar o método da camada de serviço, o requisitante deve satisfazer a condição do guard. O OpenMRS oferece dois tipos de guardas, como se mostra a seguir [RFCS15][Rizl7]:

1. um-de (P): Esta condição exige que o invocador tenha pelo menos uma das permissões de um conjunto de permissões P para poder utilizar o método de chamada de serviço.
2. all-of (P): Esta condição exige que o invocador tenha todas as permissões de um conjunto de permissões P para poder utilizar o método de chamada de serviço.

A primeira condição é verdadeira se um utilizador com Q conjunto de permissões satisfizer $P \cap Q \neq \varnothing$ e a segunda condição é verdadeira se $P \subseteq Q$. Estas condições de guarda são atribuídas a métodos e quando o utilizador invoca o método, as condições são verificadas e a decisão é devolvida. Se a condição de proteção ou as condições de "pode ser" forem verdadeiras, então a invocação é autorizada. Uma vez que o OpenMRS suporta o RBAC como mecanismo de controlo de acesso, as permissões são concedidas aos utilizadores através da associação a funções. No OpenMRS, os utilizadores podem ser membros de múltiplos papéis e, assim, herdar todas as permissões oferecidas conjuntamente por esses papéis. Por exemplo, o utilizador u é membro das funções $R = \{r_1, \ldots, r_n\}$ e, por conseguinte, o utilizador u tem o conjunto de permissões Q, de modo que

$$Q = \bigcup_{r \in R} perm(r). \qquad (3.1)$$

O método *perm()* acima devolve o conjunto de permissões associadas à função r. Um método da camada de serviço é chamado quando o utilizador *u, a* quem é concedido o conjunto de permissões Q, interage com a camada de apresentação que pede para chamar o método da camada de serviço com a proteção g. O conjunto de permissões Q é verificado em relação às duas condições de proteção e é devolvida uma decisão.

A Figura 3.3 mostra a arquitetura de segurança e um modelo de fluxo de informação, em que a classe de aconselhamento de autorização implementa anotações e o pedido é encaminhado para o PEP se o pedido satisfizer a condição de guarda. O ponto de execução acede aos serviços DAO para interagir com a base de dados. Em troca, o PEP obtém a informação sobre o utilizador, a função e os privilégios, que é encaminhada para o PDP. Os pontos de decisão processam o pedido e devolvem a resposta à decisão. Os pontos de execução devolvem a resposta ao utilizador através da classe de aconselhamento. Além disso, existem alguns serviços internos do OpenMRS que necessitam de informações da base de dados, que são solicitadas da mesma forma.

Tal como já foi referido na secção 3.2, a camada da base de dados é protegida pelos serviços DAO, que utilizam procedimentos de interface para ocultar a execução das consultas à base de dados, as quais executam diferentes operações de base de dados no modelo de dados. O perímetro de segurança para bases de dados fiáveis é a interface DAO.

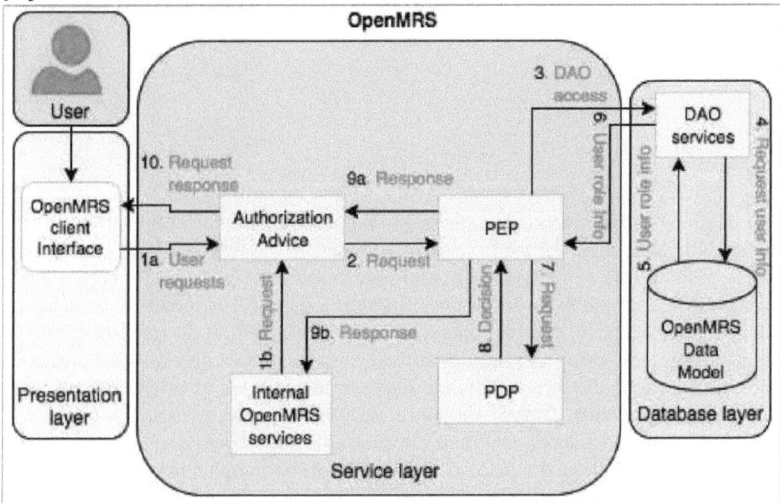

Figura 3.3: Arquitetura de segurança do OpenMRS e fluxo de informação [Orgl7a].

3.3.1 Mecanismos de segurança

O OpenMRS possui mecanismos de segurança para proteger a camada de serviço contra acessos não autorizados. De seguida, apresenta-se uma breve análise dos mecanismos de segurança do OpenMRS utilizados na camada de serviço utilizando três tripletos *AAA,* ou seja, autenticação, autorização e responsabilidade.

A autenticação exige que os utilizadores provem quem são antes de poderem aceder a um sistema. O OpenMRS utiliza mecanismos de autenticação simples, que são o nome de utilizador, a palavra-passe e o acesso à rede para a camada de serviço, o que permite ao utilizador entrar no sistema. O par nome de utilizador e palavra-passe é então validado pela aplicação em relação à base de dados de utilizadores no domínio "Utilizador", como mostra a figura 3.2. A aplicação mostra então os dados relacionados com o utilizador autenticado ao longo do seu trabalho com a aplicação.

A autorização coloca restrições sobre o que os utilizadores podem fazer num sistema. O OpenMRS utiliza a classe de aconselhamento do Spring para implementar verificações de autorização. O Spring envolve todos os métodos da camada de serviço com uma classe de aconselhamento. Utilizando anotações num método, a classe advice verifica o utilizador atualmente autenticado, que tem o privilégio específico necessário para chamar um método específico da camada de serviço. Assim, para cada chamada de serviço, é chamado um conselho no ponto de entrada do método. Assim, cada método é intercetado pelo mecanismo de autorização RBAC. A Figura 3.4 mostra um mecanismo de autorização deste tipo. Quando um utilizador executa uma ação na aplicação, é enviada uma chamada de serviço ao serviço API responsável por devolver os dados solicitados. No ponto de entrada de cada chamada de método de serviço, a autorização é verificada. Depois de um utilizador ser autorizado, os privilégios são verificados. Se o utilizador tiver os privilégios necessários, é-lhe permitido o acesso, caso contrário, o acesso é negado.

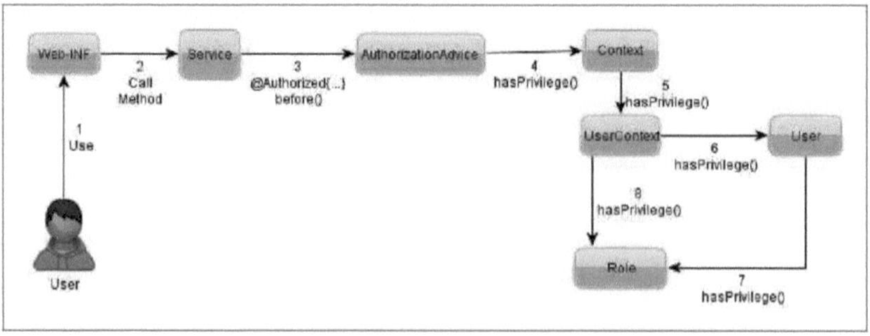

Figura 3.4: Mecanismo de autorização de verificação de privilégios [Rizl7].

A responsabilidade refere-se à manutenção de um registo das interacções dos utilizadores com o OpenMRS de modo a que os indivíduos possam ser responsabilizados pelas acções realizadas. A responsabilização é uma parte essencial de um sistema de registos médicos, ou seja, a proteção contra a fraude, a corrupção, o erro humano e a ajuda na deteção de intrusões. No OpenMRS, quaisquer alterações aos dados não são destrutivas, o que significa que a versão antiga do registo permanece na base de dados e a identidade da pessoa que faz a alteração torna-se um registo permanente na base de dados. Trata-se de uma conceção excelente, que garante que a atividade do utilizador é monitorizada durante a realização de quaisquer alterações aos dados, mas apenas a nível da base de dados. Para além do AAA, o OpenMRS utiliza amplamente o encapsulamento. O encapsulamento refere-se à utilização de uma conceção orientada para os objectos para separar a funcionalidade disponível dos pormenores da sua implementação.

O OpenMRS utiliza o princípio do menor privilégio como mecanismo de segurança para proteger os seus dados. O privilégio mínimo refere-se à prática de dar a cada utilizador as permissões mínimas necessárias para as suas responsabilidades profissionais. O sistema de modelo RBAC facilita aos administradores a obtenção do privilégio mínimo, ou seja, atribuindo privilégios mínimos a uma função de acordo com os requisitos da função no sistema. Os moderadores de dados do OpenMRS podem cometer erros ao introduzir os dados dos doentes, pelo que é necessário que os administradores solicitem a correção dos dados, uma vez que os moderadores não podem efetuar determinadas operações sensíveis nos dados dos doentes. Por exemplo, apenas os administradores têm a capacidade de criar novos privilégios e de os atribuir a novos grupos. Se o moderador tiver de iniciar sessão para efetuar uma alteração, por exemplo, se for necessário eliminar um doente, os moderadores terão de contactar o administrador do sistema para remover o doente do sistema. Da mesma forma, o OpenMRS atribui privilégios mínimos a diferentes funções incorporadas, tal como referido na Secção 3.1.2. Por exemplo, a função anónima é atribuída aos utilizadores que não iniciam sessão, utilizando assim o princípio dos privilégios mínimos ao atribuir privilégios mínimos possíveis a diferentes funções. Além disso, para tornar os diferentes componentes da camada de serviço invioláveis, estas funções são verificadas em relação aos privilégios em cada parte do fluxo de informação. Como se mostra na Figura 3.4, a função *hasPrivilege()* verifica os privilégios do papel para verificar se o requerente tem permissões, construindo assim os caminhos fiáveis.

CAPÍTULO 4

Análise do frasco

A separação entre a política de segurança e o mecanismo de segurança do sistema subjacente é um princípio de engenharia de software que confere à estrutura modular do sistema flexibilidade e evolução para novas áreas de investigação. Nalguns sistemas de software, tal como no OpenMRS, as decisões de segurança estão distribuídas por todo o sistema, o que torna difícil compreender a aplicação da política de segurança e a própria política. A centralização da política de segurança permite acrescentar rapidamente novos requisitos de segurança, para além da flexibilidade da política, e também melhora a sua gestão. Com esta abordagem, é inteiramente possível alterar a política de segurança sem modificar a arquitetura de segurança fundamental de um sistema subjacente. Além disso, os gestores de segurança são responsáveis pela aplicação das políticas de segurança complexas, separando assim as decisões de acesso. Como já foi discutido na secção 2.2 sobre a ideia básica do Flask, este concentra-se em proporcionar a flexibilidade da política de segurança utilizando os princípios do monitor de referência e os conceitos de TCB [SSL$^+$ 99]. Este capítulo centra-se na relação entre o Flask, o monitor de referência e o TCB.

4.1 Frasco e monitor de referência

A arquitetura de segurança do Flask exige que um sistema inclua um monitor de referência [SSL$^+$ 99]. Isto para que cada acesso a um recurso tenha alguma forma de monitorização. Um monitor de referência é concebido para garantir a mediação de todas as operações de segurança sensíveis, o que permite que uma política de segurança autorize todas essas operações. Se não for esse o caso, uma entidade pode contornar o mecanismo e violar a política que deve ser aplicada. O componente-chave do controlo de acesso na arquitetura Flask é o monitor de referência. Em particular, a arquitetura requer as propriedades de integralidade, isolamento e verificabilidade. Uma vez que o Flask foi introduzido para suportar a flexibilidade das políticas, a principal razão para incluir um monitor de referência é o facto de ser neutro em termos de políticas.

Como mostra a Figura 2.2, a arquitetura Flask é constituída por duas entidades conceptuais, o gestor de objectos e o servidor de segurança. Enquanto o gestor de objectos é responsável pela ativação dos pedidos de acesso e pela aplicação das decisões de acesso, o servidor de segurança tem de tomar as decisões efectivas consultando a política de segurança em execução no servidor de segurança. Em conjunto, estes dois componentes constituem um monitor de referência e seguem os três princípios do monitor de referência

4.2 Frasco e TCB

Como já foi referido na secção 3.2, a ideia básica da TCB é que se trata de um conjunto funcional de todos os componentes de confiança de um sistema. Uma vez que todos os componentes que fornecem segurança devem fazer parte do TCB. No Flask, os dois componentes de confiança de nível superior, que são os gestores de objectos e o servidor de segurança, pertencem ao TCB. As políticas de segurança executadas no servidor de segurança também se tornam parte do TCB. Além disso, a correção e a inviolabilidade de um TCB no Flask são de grande importância para estabelecer, preservar e garantir as propriedades de segurança do sistema.

SELinux é uma implementação forte e flexível do Flask em cima de um sistema operacional Linux [LS01]. Fornece meios para implementar o Controlo de Acesso Obrigatório (MAC). Isso é feito estendendo os módulos de segurança do Linux, que é uma extensão do kernel do Linux. Algumas de suas características originárias da implementação do Flask incluem a separação dos pontos de aplicação da política de segurança propriamente dita. Também implementa um modelo MAC fiável e de confiança através de canais de confiança e Type Enforcement (TE). Para implementar com sucesso o TCB do Flask, o SELinux fornece mecanismos para caminhos confiáveis e TE. Caminhos de confiança, que é uma implementação da identificação do cliente e do servidor do Flask, são implementados ao nível da Comunicação entre Processos (IPC), que assegura que não há falsificação e garante a ausência de adulteração. A TE é implementada no SELinux através de mecanismos de privilégio mínimo, ou seja, não há acesso por defeito. Com a TE, o SELinux implementa uma máquina de estados que controla as transições de confiança de uma operação para outra. Um sujeito não pode executar uma ação num objeto a menos que exista uma relação ou uma transição entre o domínio e o tipo do objeto. Tal como referido na subsecção 3.3.1, o OpenMRS também utiliza o mecanismo de privilégios mínimos, ou seja, não há acesso aos dados por defeito, o que é implementado utilizando funções, fornecendo permissões mínimas a diferentes funções, por exemplo, fornecendo uma função anónima ao utilizador não autenticado.

CAPÍTULO 5

SE-OpenMRS

Como já foi analisado no Capítulo 3, sobre os princípios de segurança do OpenMRS em três camadas diferentes, a arquitetura do OpenMRS não é capaz de executar políticas de segurança flexíveis, uma vez que o modelo de segurança RBAC está incorporado no sistema. A fim de permitir um suporte flexível das políticas de segurança no OpenMRS, são utilizadas as ideias do Flask, ou seja, separar o PEP e o PDP utilizando o conceito de monitor de referência e o TCB. Na análise do OpenMRS, a discussão começa com as camadas de conceção do OpenMRS, ou seja, as camadas de *apresentação, de serviço* e *de base de dados*.

A camada de apresentação permite que os módulos do OpenMRS interajam com a camada de serviço e a camada de serviço interage com a camada de base de dados para executar os pedidos dos utilizadores. O modelo de dados do OpenMRS na camada de base de dados contém tabelas no domínio "Utilizador", que armazena as informações RBAC, o que acaba por tornar o sistema difícil de suportar políticas de segurança flexíveis.

Além disso, a camada de serviço tem todos os PEP's e PDP's que violam os princípios do monitor de referência, daí as ideias do Flask. Enquanto os módulos da camada de apresentação interagem com os PEP da camada de serviço para dar acesso aos recursos do OpenMRS. Neste capítulo, o foco principal é redesenhar a arquitetura de segurança do OpenMRS, utilizando os factos e os requisitos da análise das diferentes camadas do OpenMRS.

Em todas as secções deste capítulo, estes factos e requisitos das camadas do OpenMRS são discutidos e são tomadas decisões de conceção que conduzem ao fornecimento de um suporte flexível para as políticas de segurança, acabando por construir o sistema SE-OpenMRS. Além disso, as principais decisões de conceção tomadas nas camadas de apresentação, de serviço e de base de dados contribuem para proporcionar um suporte flexível das políticas.

Para desenvolver o sistema SE-OpenMRS, as camadas do OpenMRS são refactoradas. A principal preocupação na camada de apresentação é introduzir uma interface de utilizador de gestão de políticas que permita a seleção de diferentes políticas de segurança e a interação da camada de apresentação com os PEP refacturados na camada de serviço.

Na camada de serviço, a separação dos PEP e dos PDP utilizando o Flask, os princípios do monitor de referência e o TCB permite que o sistema suporte a flexibilidade das políticas de segurança, o que exige a introdução de uma nova camada de segurança para incorporar diferentes políticas de segurança fiáveis.

Na camada de base de dados, o domínio "Utilizador" do modelo de dados é redesenhado para satisfazer o requisito de isolamento do monitor de referência. A flexibilidade no SE-OpenMRS é conseguida através da ativação e desativação das PEP na camada de serviço de acordo com a política atualmente selecionada, que é abordada na Secção 5.1.

5.1 Camada de apresentação do SE-OpenMRS

Como mencionado na Subsecção 2.1.1, o OpenMRS tem diferentes módulos. Quando o sistema OpenMRS é iniciado, nenhum módulo é instalado. Para começar a utilizar o sistema OpenMRS, é necessário instalar um módulo central que interage com os serviços OpenMRS fornecidos pela camada de serviço. *O módulo Legacy UI* é o módulo central que consiste em funções de administração e no painel de controlo dos doentes [Wikl7a]. Todos os outros módulos do sistema OpenMRS dependem do módulo Legacy UI, pelo que, em primeiro lugar, este módulo central é instalado através da implementação da compilação de desenvolvimento do Legacy UI na aplicação Web do OpenMRS no ambiente de desenvolvimento, enquanto no ambiente de distribuição este módulo já está instalado. A aplicação Web OpenMRS, que se encontra na camada de apresentação, é o comunicador intermédio entre os módulos OpenMRS e a camada de serviço. Como mostra a Figura 2.1, os módulos comunicam com a camada de apresentação para utilizar os serviços OpenMRS. Além disso, os módulos também comunicam diretamente com o modelo de dados para executar os ficheiros de registo de alterações do Liquibase [Orgl6b] para inserir os metadados nas tabelas do modelo de dados. Por exemplo, se for introduzido um novo serviço no módulo UI Legacy, como a gestão de políticas em execução, que, digamos, requer um privilégio *Manage Policy (Gerir políticas)* e este privilégio não existe no sistema OpenMRS, então esta adição de metadados tem de ser mencionada no ficheiro de registo de alterações Liquibase. Este ficheiro de registo de alterações é verificado quando o módulo é instalado, o que adiciona automaticamente o novo privilégio à base de dados. Cada módulo tem o seu próprio ficheiro de registo de alterações do Liquibase [Wiki 7c]. Além disso, não existem privilégios de sistema específicos do módulo na base de dados do OpenMRS. Quando os módulos são instalados, os privilégios são adicionados utilizando o ficheiro de registo de alterações Liquibase. Para além da adição de privilégios, existem outras operações de registo de alterações, como adicionar, eliminar e atualizar propriedades e tabelas na base de dados. A listagem 5.1 mostra um exemplo de ficheiro Liquibase change-log com uma operação de eliminação no *changeSet* de um id = *mymodule* on tableName = *mytablename* where property = *myproperty*. Assim, o modelo de dados do OpenMRS cresce ou diminui à medida que os módulos são instalados ou removidos.

```
<?xml version="1.0" encoding="UTF-8"?>
<databaseChangeLog xmlns="http://www.liquibase.org/xml/ns/
    dbchangelog/1.9"
    xmlns:xsi="http://www.w3.org/2001/XMLSchema-instance"
    xsi:schemaLocation="http://www.liquibase.org/xml/ns/dbchangelog
        /1.9
                http://www.liquibase.org/xml/ns/dbchangelog/
                    dbchangelog-1.9.xsd">
    <!--
        See http://www.liquibase.org/manual/home#
            available_database_refactorings
        for a list of supported elements and attributes
    -->
    <changeSet id="mymodule" author="Ammad">
        <delete tableName="mytablename">
            <where>property = 'myproperty'</where>
        </delete>
    </changeSet>
</databaseChangeLog>
```

Listagem 5.1: Ficheiro de registo de alterações do Liquibase Sample [Wikl7c].

Quando o sistema OpenMRS começa com o módulo central Legacy UI, na secção de administração, um utilizador com direitos de acesso pode instalar mais módulos. Este módulo central é responsável pela gestão de todas as propriedades de segurança do sistema OpenMRS. O sistema OpenMRS está a executar o modelo RBAC com um esquema de autorização, em que uma alteração do estado da base de dados pode ocorrer através da execução de algumas operações de um esquema de autorização. Se os utilizadores do OpenMRS tiverem privilégios para executar operações de um esquema de autorização, então a alteração do estado da base de dados é permitida. No OpenMRS, os utilizadores podem executar adicionar, eliminar e atualizar como um conjunto de operações em tabelas do domínio do Utilizador. Uma vez que o domínio do Utilizador contém a função, os privilégios e as respectivas informações de mapeamento, o estado da base de dados é alterado utilizando as seguintes secções administrativas, sendo que estas secções administrativas estão disponíveis para os utilizadores com direitos de acesso:

1. **Gerir privilégios:** Esta secção de administração permite aos utilizadores adicionar, eliminar e atualizar os privilégios do sistema OpenMRS.
2. **Gerir funções:** Esta secção permite aos utilizadores adicionar, eliminar e atualizar funções do sistema. Além disso, também permite atribuir privilégios a funções e criar relações de herança de funções.
3. **Gerir utilizadores:** A secção Gerir utilizadores permite aos utilizadores procurar, adicionar, eliminar e atualizar utilizadores. Além disso, são atribuídas funções aos utilizadores para dar direitos de acesso de acordo com o nível de segurança do utilizador.

A análise supra da camada de apresentação do OpenMRS fornece a informação necessária para refactorizar esta camada e construir o sistema SE-OpenMRS. A seguinte decisão de conceção é tomada na camada de apresentação para proporcionar um suporte flexível às políticas no SE-OpenMRS:

Decisão de conceção 5.1 (camada de apresentação).

Para além da secção de administração do OpenMRS, ou seja, *Gerir Privilégios, Gerir Funções* e *Gerir Utilizadores,* é introduzida no SE-OpenMRS uma secção de administração *Gestão de Políticas* para tornar o sistema capaz de mudar para diferentes políticas de segurança.

O sistema SE-OpenMRS tem de saber qual a política em execução no sistema para ativar as PEP refactoradas da política de segurança atualmente selecionada na camada de serviço. Consequentemente, este comportamento torna o sistema flexível na camada de apresentação para consultar a política em causa. A interface de utilizador de gestão de políticas introduzida no módulo principal Legacy UI no SE-OpenMRS só está disponível para os utilizadores com o privilégio de *gestão de políticas*, o que permite aos utilizadores mudar as políticas de segurança do SE-OpenMRS. Na secção de administração, os utilizadores também podem ser configurados para fornecer acesso a uma função de administração específica, como, por exemplo, fornecer apenas o privilégio *Gerir política* a um *Gestor de políticas* para gerir a política de segurança em execução no sistema. A Figura 5.1 mostra uma interface de utilizador de gestão de políticas introduzida no módulo Legacy UI, em que IBAC, $RBAC_0$ e RBACi são políticas estáticas, enquanto DRBACi é uma política dinâmica.

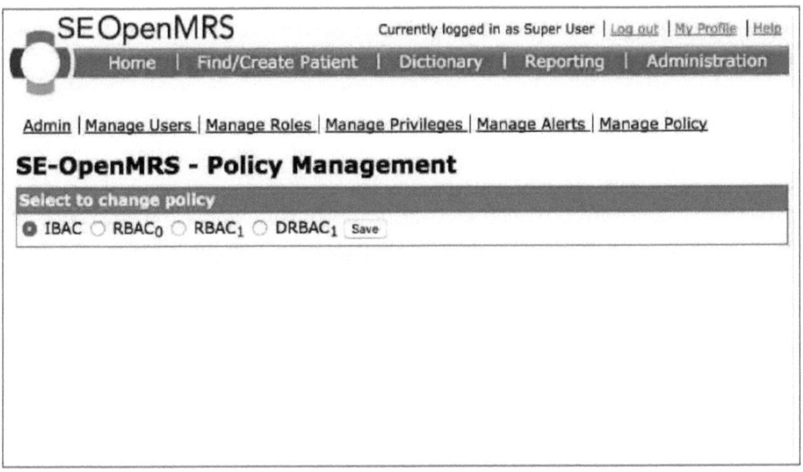

Figure 5.1: Gestão de Políticas SE-OpenMRS.

Os utilizadores do SE-OpenMRS podem mudar a política interagindo com a secção de administração *da Gestão de Políticas*. Como resultado, o estado da nova política é inicializado e todos os utilizadores do sistema SE-OpenMRS são forçados a mediar os pedidos de recursos através da nova política selecionada, activando todos os seus PEP's. O argumento a seguir apresenta uma visão geral do raciocínio da decisão de design:

Decisão de conceção 5.1 fundamentada (camada de apresentação).

A fim de proporcionar um suporte flexível às políticas de segurança, um dos requisitos é permitir que os utilizadores do SE-OpenMRS mudem para diferentes políticas de segurança em execução no sistema, o que requer a introdução de uma secção de administração, ou seja, *Gestão de Políticas*. Esta secção de administração está disponível para os utilizadores com privilégios de *gestão de políticas*. Essa decisão de projeto contribui para fornecer suporte flexível a políticas no SE-OpenMRS, alternando a política de segurança no tempo de execução do SE-OpenMRS.

Todos os modelos de segurança estáticos acima representam apenas um estado (snapshot) do sistema modelado, não permitindo, portanto, a análise das propriedades de segurança. Além disso, não é viável adotar esses modelos estáticos em um sistema de software em tempo real como o SE-OpenMRS, que exige a execução de adicionar, atualizar e excluir como um conjunto de operações de um esquema de autorização.

Essas políticas estáticas são implementadas como uma prova de conceito para verificar o comportamento de flexibilidade de políticas do SE-OpenMRS. Enquanto que o modelo HRU permite a modelação do comportamento dinâmico através da utilização da máquina de estados, que permite analisar determinadas propriedades de segurança, onde uma mudança de estado do modelo pode ocorrer pela execução de alguma operação de um esquema de autorização, realizada por utilizadores com direitos de acesso. O DRBACi utiliza o modelo HRU e o modelo RBACi hierárquico de papéis, que se adequa perfeitamente às necessidades do sistema de software OpenMRS para escalar o sistema com o ambiente dinâmico.

Inicialmente, quando o sistema SE-OpenMRS é iniciado, a política padrão selecionada é IB AC. Uma vez que não é possível realizar as operações do esquema de autorização em políticas estáticas, as operações *Gerenciar Usuários, Gerenciar Funções* e *Gerenciar Privilégios* são bloqueadas para políticas estáticas.

A Figura 5.2 mostra o comportamento de bloqueio. As secções de gestão só estão disponíveis para políticas dinâmicas, que utilizam um esquema de autorização para efetuar uma alteração do estado do modelo. A execução de operações de esquema de autorização e a análise de propriedades de segurança são possíveis em modelos dinâmicos, portanto, de acordo com as necessidades do SE-OpenMRS, o DRBACx foi escolhido para fazer parte do suporte flexível a políticas.

Além disso, também é possível introduzir mais políticas de segurança que exigem a implementação da política de acordo com os requisitos do sistema. Uma vez que o OpenMRS está a trabalhar num sistema de privilégios, cada recurso no sistema tem determinados privilégios. Por exemplo, como mostra a Figura 5.2, a secção administrativa do módulo Legacy UI requer os privilégios *View Navigation Menu* e *View Administration Functions para que* o utilizador possa interagir com a secção de administração. Da mesma forma, todos os outros módulos requerem privilégios em diferentes secções para aceder aos recursos.

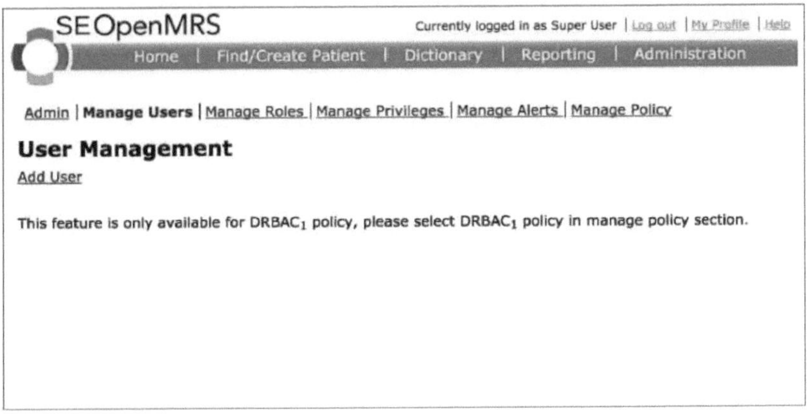

Figure 5.2: Gestão de bloqueios SE-OpenMRS para políticas de segurança estáticas.

Quando o sistema SE-OpenMRS é iniciado pela primeira vez com a política DRBACx, o espaço de estados com um estado inicial é inicializado com um super usuário com função de administrador com privilégios totais de todos os recursos, uma vez que há necessidade de acesso administrativo para configurar as propriedades dinâmicas de segurança do SE-OpenMRS. O espaço de estados no SE-OpenMRS com DRBACx tem o mesmo comportamento que no OpenMRS com RBAC integrado, onde o comportamento dinâmico é obtido através do uso de estados de banco de dados. Isso mostra que, em termos de funcionalidade, a política do SE-OpenMRS com DRBACi é igual à do OpenMRS com RBAC integrado. A política DRBACi do SE-OpenMRS fornece operações de esquema de autorização para alterar o estado da política, o que é discutido em mais pormenor na subsecção 5.4.1. Por sua vez, o OpenMRS fornece operações de base de dados para alterar o estado da base de dados. Agora, depois de introduzir o suporte flexível na camada de apresentação, chamamos a este sistema SE-OpenMRS. Implementação

Os pormenores destas políticas são abordados na subsecção 5.4.1, uma vez que estas políticas de segurança pertencem à camada de segurança. Esta secção forneceu uma panorâmica da refração efectuada na camada de apresentação no módulo UI Legacy. Nas secções seguintes, são abordados o modelo de dados reformulado na camada da base de dados e a arquitetura de segurança que faz parte da camada de serviço.

5.2 Modelo de dados SE-OpenMRS

Tal como referido na secção 3.1, o modelo de dados do OpenMRS reside na camada da base de dados. O domínio do utilizador no modelo de dados contém tabelas de bases de dados, que armazenam componentes de estado da política RBAC. A base de dados do domínio do utilizador contribui para a realização do controlo de acesso no sistema OpenMRS, fornecendo informações de controlo de acesso à camada de serviço. A base de dados do domínio "Utilizador" contém tabelas para armazenar as funções, os privilégios, as hierarquias de funções e as funções atribuídas aos utilizadores do OpenMRS. Como se mostra na Figura 5.3, o domínio Utilizador contém 7 tabelas. Por exemplo, as tabelas *user__role, role, role_role, user_privilege* e *privilege* armazenam todas as informações de funções e privilégios, incluindo a hierarquia de funções e a relação de privilégios de funções. Além disso, as funções de utilizador, os privilégios de função e a relação de hierarquia de funções são criados utilizando chaves primárias e secundárias 1:1 nas tabelas. Uma vez que o RBAC integrado na base de dados permite suportar políticas flexíveis.

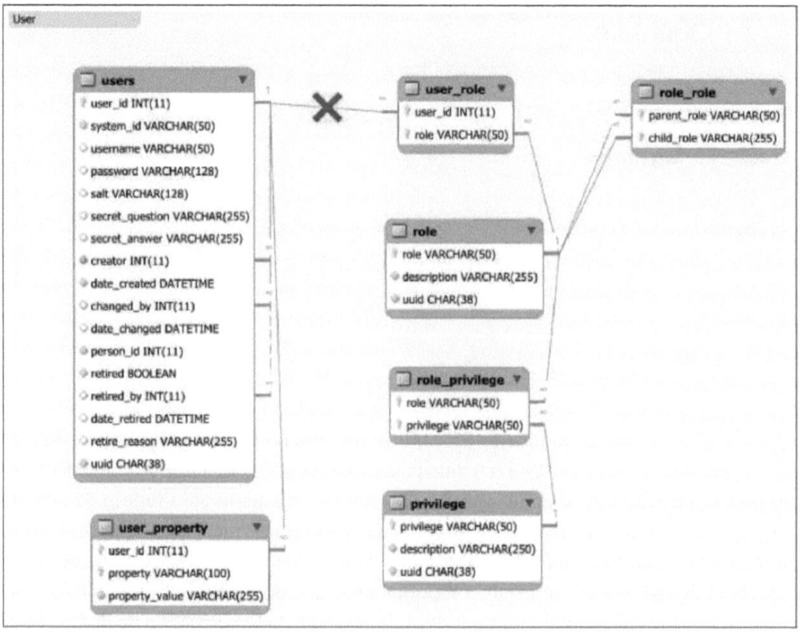

Figura 5.3: Diagrama ER do domínio do utilizador do SE-OpenMRS.

Para dar um suporte flexível às políticas de segurança, é tomada a seguinte decisão de conceção na camada da base de dados:

Decisão de conceção 5.2 (camada de base de dados).

Na camada de base de dados, as tabelas *user_role, role, role_role, user_privilege* e *privilege,* que contêm informações sobre funções e privilégios, estão desvinculadas do domínio User. As tabelas existem no sistema mas não são referenciadas nem utilizadas pela camada de serviço no sistema SE-OpenMRS.

Na Figura 5.3, o sinal de cruz mostra que a ligação do hibernate entre a tabela *users* e as tabelas *user__role, role, role_role, user_privilege* e *privilege* foi removida. Esta decisão de conceção contribui para satisfazer o segundo princípio do monitor de referência, ou seja, a *inviolabilidade.* Isto é conseguido através da remoção do controlo de acesso fixo da camada de base de dados e da camada de serviço. A remoção do controlo de acesso por fios na camada de serviço é abordada na secção 5.4. Além disso, não existe qualquer relação entre o domínio "Utilizador" e todos os outros domínios, pelo que é possível redesenhar este domínio sem qualquer impacto nos outros domínios das tabelas da base de dados.

Como já foi mencionado na secção 3.1, o OpenMRS utiliza a biblioteca Hibernate [Orgl6a] para ligar objectos de classe a tabelas de bases de dados relacionais. Consequentemente, as tabelas primárias no OpenMRS são mapeadas como objectos, o que significa que sempre que os dados são solicitados ao DAO do hibernate, os resultados da consulta são actualizados no objeto relevante. A Listagem 5.2 mostra um exemplo de arquivo de configuração do hibernate onde os arquivos de mapeamento *Role.hbm.xml* e *Privilege.hbm.xml* são incluídos para mapear as tabelas de *funções* e *privilégios* como objetos. Além disso, as tabelas secundárias também são mapeadas nos objectos das tabelas primárias relevantes. Por exemplo, na Figura 5.3, a tabela de funções é a tabela primária e *role_role* é a tabela secundária. O objetivo da tabela de funções é armazenar as funções do sistema, enquanto a tabela *role_role* armazena informações sobre a hierarquia de funções. A *função da* tabela primária é mapeada como um objeto de função, que representa uma instância de classe. Uma vez que existe uma relação 1:1 entre a tabela de *funções* e a tabela *role_role*, esta tabela secundária *role_role* é mapeada como um objeto separado aninhado no objeto role, que está configurado no ficheiro de mapeamento *Role.hbm.xml do* hibernate. Da mesma forma, todas as tabelas do modelo de dados OpenMRS são mapeadas para objectos de classe utilizando o Hibernate.

```
<!DOCTYPE hibernate-configuration PUBLIC"-//Hibernate/Hibernate Configuration DTD 3.0//EN""http://www.hibernate.org/dtd/hibernate-configuration-3.0.dtd">

<hibernate-configuration>
  <session-factory>
    <property name="javax.persistence.validation.mode">none</property>
    <!-- Role table to role object mapping -->
    <mapping resource="org/openmrs/api/db/hibernate/Role.hbm.xml"/>

    <!-- Privilege table to privilege object mapping -->
    <mapping resource="org/openmrs/api/db/hibernate/Privilege.hbm.xml"/>
  </session-factory>
</hibernate-configuration>
```

Listagem 5.2: Mapeamento de tabelas de Hibernate para objectos [Wikl7b].

Como já foi referido, na Figura 5.3, o sinal da cruz vermelha mostra que a ligação entre a tabela de *utilizadores* e a tabela de *funções* foi removida, o que significa que todas as outras tabelas no domínio Utilizadores já não estão ligadas à tabela de *utilizadores*. O que é feito através da remoção da tabela do hibernate para o mapeamento de objectos, o que significa que fisicamente a tabela de *funções* e *privilégios* existe na base de dados, mas as tabelas são preservadas para instalar módulos sem quaisquer problemas de compilação, o que se deve ao registo de alterações do Liquibase. Além disso, estas tabelas não estão a ser utilizadas pela camada de serviço, apenas estão no sistema de base de dados como tabelas fictícias. O argumento seguinte dá uma visão geral do raciocínio da decisão de conceção:

Decisão de conceção 5.2 fundamentada (camada de base de dados).

Esta decisão de conceção foi tomada para remover as informações de controlo de acesso da camada da base de dados, tendo em conta a resolução dos problemas de compilação dos módulos Liquibase change-log. Por outro lado, se as tabelas do domínio "Utilizador" forem completamente removidas, a execução do registo de alterações do Liquibase dará origem a excepções em tempo de execução, sempre que os módulos SE-OpenMRS forem instalados.

Tal como referido na parte introdutória do Capítulo 5, esse ficheiro Liquibase change-log é verificado sempre que os módulos são instalados e cada módulo tem o seu próprio ficheiro Liquibase change-log. Além disso, cada módulo insere informações sobre privilégios na tabela de privilégios, que são os metadados desse módulo específico. Assim, para além de remover a relação de mapeamento do hibernate, se as tabelas forem fisicamente removidas, serão introduzidas excepções de tabela não encontrada na execução da consulta, o que acabará por impedir a instalação dos módulos no sistema SE-OpenMRS. Assim, não é possível refactorizar todos os módulos, uma vez que existem mais de 180 módulos [Orgl6c]. A complexidade de cada módulo é mostrada na Figura 5.4, cada módulo tem dois projectos java: *api* e *omod* (módulo OpenMRS). O projeto omod contém o registo de alterações do Liquibase para fazer actualizações de consultas em tempo de execução no modelo de dados. Em um cenário tão complexo, a solução é manter as tabelas como tabelas fictícias, quebrando a conexão do hibernate com a camada de serviço, para que não haja problemas durante a instalação dos módulos do OpenMRS.

- **api** - non-web-specific 'maven module' project
-
    - **src**
        - **main** - Java files in the module that are not web-specific. These will be compiled into a distributable mymodule.jar
    - **target** - folder built at runtime that will contain the distributable jar file for the module
- **omod**
    - **src**
        - **main**
            - **java** - web specific java files like controllers, servlets, and filters
            - **resources** -
                - config.xml
                - *.hbm.xml files
                - liquibase.xml (or the old sqldiff.xml)
                - messages_*.properties files
                - modulesApplicationContext.xml
                - log4j.xml - optional file to control logging in your module
            - **webapp** - jsp and html files included in the omod
                - portlets -
                - resources - image, js, and css files that your jsp files reference
    - **target** - Contains the distributable omod file
- **pom.xml** - Maven build file. Delegates to pom.xml files in the *omod* and *api* project

Figura 5.4: Estrutura dos ficheiros do módulo SE-OpenMRS [Orgl7b].

Esta secção apresenta uma panorâmica do modelo de dados do SE-OpenMRS e as decisões de conceção tomadas para remover o controlo de acesso da camada da base de dados, a fim de alcançar a flexibilidade da política de segurança. Além disso, foram resolvidos os problemas relacionados com as operações de registo de alterações após a atualização do modelo. As consequências da atualização do domínio do utilizador ajudaram a determinar quais as partes do sistema de software OpenMRS que precisavam de ser refactoradas na camada de serviço, a fim de construir o sistema de software SE-OpenMRS, que é abordado na secção 5.4.

5.3 SE-OpenMRS TCB

Tal como referido na secção 3.2 sobre o TCB e o monitor de referência, a discussão começou com o TCB e o seu perímetro de segurança em geral. Em seguida, são abordadas as bases de dados de computação fiáveis, que utilizam interfaces para isolar a implementação da base de dados, actuando como uma fronteira entre o código fiável e o não fiável. O DAO na camada de serviço acede aos métodos da interface da camada de base de dados, actuando como parte de uma base de código não fiável. Assim, as interfaces protegem as bases de dados fiáveis entre o acesso da camada de serviço e a camada de base de dados. Da mesma forma, na Secção 3.3 são abordadas as anotações, que introduzem dois tipos de guardas para proteger a camada de serviço de todos os acessos não autorizados da camada de apresentação. Estas guardas actuam como monitor de referência porque a camada de apresentação não pode aceder a qualquer funcionalidade da camada de serviço sem passar por estas condições de guarda, que também é um TCB e apenas satisfaz o primeiro princípio do monitor de referência, ou seja, a *mediação total.* No SE-OpenMRS, a noção de TCB e de caminhos de confiança é mantida através de interfaces. Seguem-se os argumentos que contribuem para a satisfação dos princípios do monitor de referência:

1. **Mediação total:** Após a introdução da camada de segurança, as condições de guarda e as anotações são removidas, uma vez que no SE-OpenMRS a camada de segurança actua como um monitor de referência, o que é discutido na subsecção 5.4.1. No SE-OpenMRS, existe apenas uma PEP que solicita diretamente a política de segurança na camada de segurança para a tomada de decisões de acesso. Existem também PEP na camada de serviço e na camada de apresentação. As PEP's na camada de apresentação solicitam as PEP's na camada de serviço. As PEP da camada de serviço não podem consultar diretamente a camada de segurança, mas existe uma PEP específica que pode consultar a política de segurança, pelo que todos os pedidos de acesso são encaminhados para esta PEP específica. Esta é a mesma ideia utilizada pelos

sistemas operativos baseados no microkernel, em que todos os pedidos são mediados pelo microkernel. Além disso, em diferentes sistemas operacionais, pode haver mais de uma maneira de acessar o TCB, por exemplo, acessando diretamente o espaço de memória virtual ou acessando o disco como um arquivo único, lendo tudo no disco. No entanto, no SE-OpenMRS, existe apenas uma forma de interagir com a política de segurança, ou seja, através de um único PEP que pode fazer um pedido direto à camada de segurança. Assim, cada acesso ao recurso é tratado através de um único PEP na camada de serviço, o que satisfaz o princípio da *mediação total do* primeiro monitor de referência.

2. **Inviolabilidade:** O princípio da *inviolabilidade* do monitor de referência exige que o monitor de referência no sistema não possa ser modificado por outros processos do utilizador. Isto impede que um utilizador malicioso modifique as decisões de controlo de acesso. No SE-OpenMRS, a propriedade de inviolabilidade baseia-se na caraterística de separação oferecida pela linguagem de programação Java, que coloca toda a gestão da memória organizada pelo compilador no TCB, que é muito grande. Mas se houver necessidade de um TCB mais pequeno, podem ser utilizados conceitos como o isolamento de políticas imposto pelo hardware, em que o segmento de memória existe separadamente e só é acessível pela própria política de segurança.
   No SE-OpenMRS, a camada de segurança contém apenas políticas de segurança e um serviço para interagir com as políticas integradas, que são protegidas por interfaces, tal como a camada de base de dados é protegida pela utilização de interfaces. Todas as PDP's existem na camada de segurança e as políticas de segurança são aplicadas como PEP's na camada de apresentação e na camada de serviço, o que torna a camada de segurança (monitor de referência) isolada do resto do sistema. A camada de segurança é protegida do resto do sistema utilizando os paradigmas de programação Java, por exemplo, não existem ponteiros em Java, o que garante que ninguém pode aceder à localização de memória utilizada pelo programa, pelo que o SE-OpenMRS satisfaz o segundo princípio do monitor de referência, *a inviolabilidade.* Além disso, as políticas de segurança só são visíveis e acessíveis à implementação dos serviços da camada de segurança e o seu espaço de estado interno está protegido e encapsulado na política de segurança, o que significa que os estados das políticas só são acessíveis às próprias políticas. A camada de segurança é abordada em mais pormenor na subsecção 5.4.1. A decisão de conceção na camada de base de dados também contribui para satisfazer o isolamento, uma vez que todos os dados e componentes modelizados das políticas de segurança devem estar na camada de segurança, que actua como monitor de referência e TCB.
3. **Verificável: O** princípio do monitor de referência *Verificável* exige que a TCB seja suficientemente pequena para ser identificável, o que significa que a parte do código nas classes de políticas de segurança não deve ser complexa. A complexidade surge quando há muitas chamadas recursivas, loops, instruções goto e chamadas de procedimento. No SE-OpenMRS, as políticas de segurança na camada de segurança não são demasiado complexas, ou seja, nas políticas estáticas não existem chamadas recursivas, loops, instruções goto e chamadas de procedimentos. O mesmo acontece na política dinâmica, mas com duas excepções, ou seja, existe apenas um loop aninhado no ponto de decisão e dois loops nas operações do esquema de autorização da política dinâmica, o que é necessário para executar as operações do esquema de autorização. Além disso, um monitor de referência é verificável se gerar o controlo de acesso correto e processar os pedidos corretamente, fornecendo as decisões de política de autorização ou recusa correctas. No SE-OpenMRS, o controlo de acesso de diferentes políticas de segurança apresenta o comportamento esperado, ou seja, fornece os resultados correctos das decisões de

acesso. Este comportamento torna a camada de segurança suficientemente pequena para ser identificável, o que segue o terceiro princípio *verificável.*

Uma vez que, para gerir as políticas de segurança dinâmicas, a informação sobre o espaço de estados é devolvida da camada de segurança para a camada de apresentação, o que é feito através da criação de caminhos de confiança, permitindo apenas aos utilizadores, com direitos de acesso para gerir esses estados dinâmicos da política de segurança, interagir com a secção de administração da gestão. Além disso, a noção de perímetro da TCB, ou seja, as interfaces no OpenMRS, também é mantida no SE-OpenMRS para que haja uma separação clara entre as partes fiáveis e não fiáveis. Para além das interfaces, as próprias políticas de segurança são também protegidas e escondidas do mundo exterior através da utilização de paradigmas de segurança da linguagem de programação, o que mostra que existe um perímetro de segurança a vários níveis no âmbito da TCB, que é abordado na subsecção 5.4.1.

5.4 Arquitetura de segurança do SE-OpenMRS

Na secção 3.3, é abordada a arquitetura de segurança do OpenMRS, em que as anotações que actuam como monitor de referência são também utilizadas para conseguir o controlo de acesso, o que limita o acesso da camada de apresentação aos serviços OpenMRS, uma vez que a segurança do OpenMRS está dentro da camada de serviço. Uma vez que a segurança do OpenMRS existe numa camada de serviço maior, todas as PEP e PDP existem na camada de serviço. Além disso, a camada de apresentação também contém PEP que solicitam os PEP na camada de serviço, o que é feito através da construção do caminho dos PEP de confiança. No entanto, esta arquitetura é redesenhada adoptando a ideia do Flask. Uma vez que o componente-chave do Flask é o monitor de referência, que já existe, mas com as duas excepções seguintes:

1. O sistema de anotações OpenMRS que actua como monitor de referência viola os dois princípios do monitor de referência, ou seja, a *inviolabilidade* e a possibilidade *de verificação.* Por conseguinte, não utiliza completamente os conceitos de monitor de referência.
2. Os PEP e os PDP do OpenMRS residem ambos na camada de serviço. Além disso, o código fiável e não fiável não está completamente isolado, ou seja, o controlo de acesso da política de segurança existe na camada de serviço que tem pontos de decisão da política de segurança.

Estas duas excepções são resolvidas através da utilização do monitor de referência a partir das ideias do Flask. Para utilizar a ideia do monitor de referência do Flask para o suporte flexível da política de segurança, é tomada a seguinte decisão de conceção:

Decisão de conceção 5.3 (camada de serviço).

O sistema de verificação de anotações, ou seja, as condições de proteção, é removido do sistema. É introduzida uma nova camada de segurança isolada, que contém políticas de segurança encapsuladas, incluindo todas as PDP exigidas pelo SE-OpenMRS. A camada de segurança actua como um monitor de referência e proporciona uma interface claramente definida para os serviços de segurança da camada de serviço do SE-OpenMRS.

As decisões de conceção na camada de serviço e na camada de base de dados contribuem para satisfazer os três princípios do monitor de referência, uma vez que cada decisão de restringir ou permitir o acesso a um determinado recurso faz agora parte do monitor de referência. Assim, é introduzida uma camada de segurança, que está isolada do resto do sistema e só é acessível pela camada de serviço. Todas as PDP são removidas da camada de serviço, acrescentando assim os pontos de decisão no âmbito de uma política de segurança, que é encapsulada nos serviços de segurança SE-OpenMRS. Além disso, todos os PEP's são refacturados para reforçar a política de segurança em execução no sistema, existindo apenas um PEP que pode consultar diretamente a camada de segurança, sempre que é necessária uma decisão de segurança, como é o caso dos sujeitos que acedem aos recursos do SE-OpenMRS. Este comportamento verifica o princípio do monitor de referência que é a *mediação total.*

Na camada de base de dados, as tabelas que contêm informações de controlo de acesso são removidas, o que mapeia as tabelas para objectos de classe relevantes. Estes objectos de classe estão agora ligados à camada de segurança para aceder às informações de controlo de acesso. Para tornar o sistema SE-OpenMRS flexível para as políticas de segurança, estes objectos de classe são activados e desactivados de acordo com a política selecionada, por exemplo, na política DRBACi, o objeto de classe de função é ativado através da ativação dos PEP pertencentes à política DRBACi. Além disso, estes objectos solicitam as operações do esquema de autorização utilizando caminhos de confiança. Estes caminhos de confiança são construídos com base no sistema de privilégios, por exemplo, na Figura 5.2, na secção de administração, *Manage Roles (Gerir Funções)* está acessível aos utilizadores com o privilégio *Manage Roles (Gerir Funções).* Na secção Gerir *funções*, um utilizador com direitos de acesso pode utilizar um esquema de autorização para executar operações como adicionar, eliminar, atualizar funções e atribuir privilégios a funções. Esta secção obtém todas as informações sobre funções e privilégios a partir do espaço de estado dinâmico da política de segurança DRBACi encapsulada nos serviços de segurança na camada de segurança. Isto mostra que todas estas informações são provenientes do TCB para a secção *Gerir Funções* e que o caminho de confiança está disponível para os utilizadores com o privilégio *Gerir Funções.* Da mesma forma, todas as secções de gestão da segurança que obtêm informações dinâmicas sobre a política de segurança no SE-OpenMRS, onde as informações são provenientes do TCB, são um caminho de confiança.

Na camada de serviço, os PEP's são aplicados de forma flexível, de modo a que o sistema SE-OpenMRS se adapte para ativar os PEP's da política atualmente selecionada, utilizando um útil padrão de desenho Singleton [Docl7d]. A Listagem 5.3 mostra um exemplo de classe singleton, em que um método estático devolve sempre uma única instância desta classe. As implementações Singleton não permitem uma subclasse conveniente, uma vez que getlnstance(), sendo estático, não pode ser substituído polimorficamente. Este objeto singleton é consultado para ativar PEP's, sempre que a política de segurança é alterada em tempo de execução do SE-OpenMRS. Este padrão de desenho protege a seleção das políticas de segurança existentes no sistema.

```
public class MySingleton
{
  private static MySingleton _instance = new MySingleton();

  private MySingleton()
  {
    // construct object . . .
  }

  public static MySingleton getInstance()
  {
    return _instance;
  }
}
```

Listagem 5.3: Exemplo de padrão de projeto Singleton [Docl7d].

A figura 5.5 mostra a vista de nível superior da arquitetura de segurança e do modelo de fluxo de informação do SE-OpenMRS. Se for necessária uma decisão de segurança ou uma informação de controlo de acesso, estes pedidos passam pelos PEP activados da política selecionada e consultam a política de segurança relevante na camada de segurança. A camada de apresentação apresenta ou oculta recursos do utilizador requerente, de acordo com as decisões devolvidas pela camada de segurança através da camada de serviço. Para além das decisões de segurança, a camada de segurança, actuando como TCB, também permite a entrada e a saída de informações dinâmicas sobre a política de segurança utilizando operações de esquema de autorização através da criação de caminhos de confiança. Isto permite atualizar o espaço de estados na política de segurança dinâmica, que é abordado na subsecção 5.4.1.

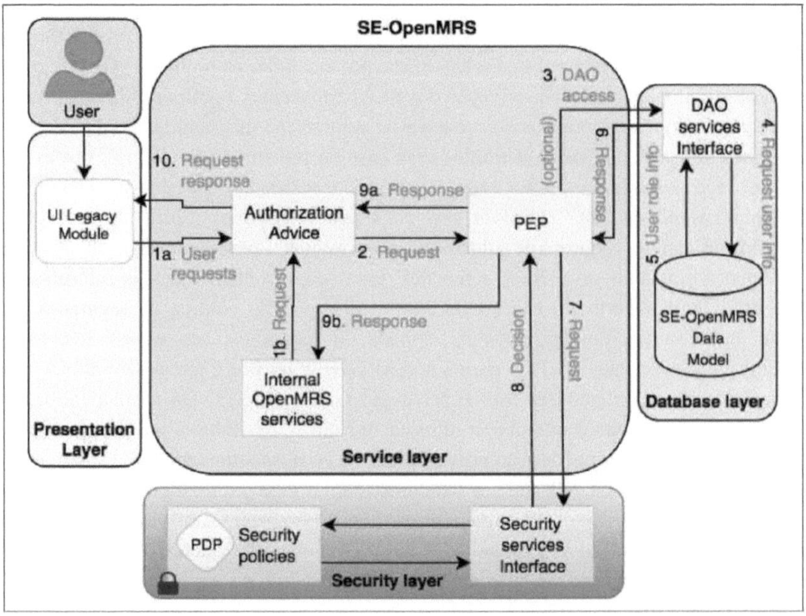

Figure 5.5 Arquitetura de Segurança e Fluxo de Informação do SE-OpenMRS [Orgl7a].

A figura 5.6 mostra a arquitetura de segurança detalhada do SE-OpenMRS, uma vez que a camada de serviço do OpenMRS utiliza anotações para restringir o acesso da camada de apresentação aos serviços OpenMRS. O sinal de cruz mostra que a verificação dos privilégios de anotação, utilizador e serviço é removida da camada de serviço. Esta verificação é efectuada utilizando as condições de guarda, que são abordadas na secção 3.3. O argumento seguinte dá uma visão geral do raciocínio da decisão de conceção:

Decisão de conceção 5.3 fundamentada (camada de serviço).

Esta decisão de conceção foi tomada para retirar o controlo de acesso da camada de serviço, uma vez que o monitor de referência existe na camada de serviço do OpenMRS, enquanto que, de acordo com a ideia do Flask, o sistema subjacente deve incluir um monitor de referência isolado e inviolável. Assim, é necessário retirar o monitor de referência da camada de serviço e introduzir uma nova camada de segurança para satisfazer os princípios do monitor de referência e do TCB.

Conforme ilustrado na Figura 5.6, o ponto de entrada para a camada de serviço é o aviso de *autorização*. Sempre que um pedido é recebido pelo serviço de aconselhamento de autorização do SE-OpenMRS, o sistema verifica se o utilizador está autenticado ou não. Se o utilizador não estiver autenticado, o pedido é enviado para o *serviço de autenticação* e o serviço de contexto só permite que os utilizadores autenticados utilizem *os serviços do SE-OpenMRS.* Após a autenticação, são efectuadas decisões de segurança e os recursos SE-OpenMRS solicitados são devolvidos à camada de apresentação. Na Figura 5.6, as PEP de *Implementação de Serviços* são refacturadas para aplicar as políticas de segurança existentes na camada de segurança, o que envolve a refacção de todos os locais de código onde são necessárias decisões e informações de segurança. Além disso, o padrão de conceção singleton é utilizado na *implementação do serviço* para ativar e desativar os PEP da política selecionada, o que introduz flexibilidade no sistema. A camada de segurança contém as políticas de segurança e os serviços de segurança para expor a interação com as políticas de segurança para as decisões políticas, que serão discutidas em mais pormenor na subsecção 5.4.1.

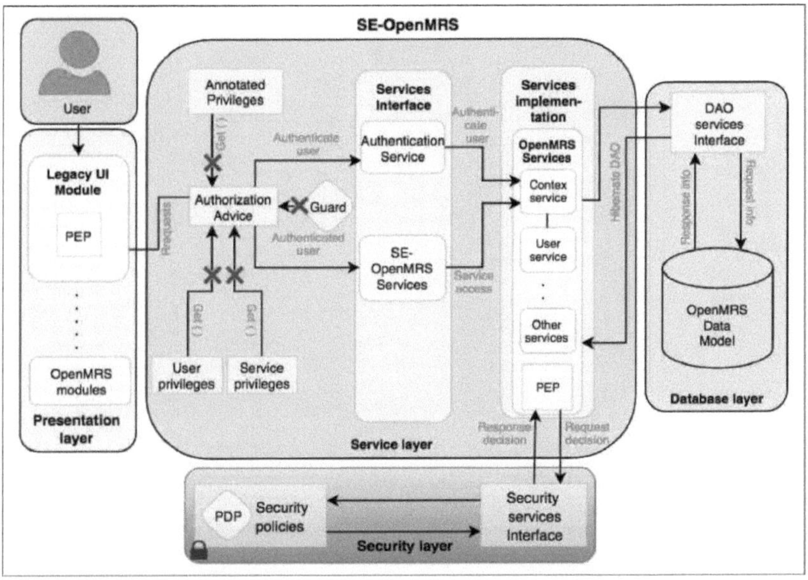

Figura 5.6: Vista detalhada da arquitetura de segurança do SE-OpenMRS [Orgl7a]

5.4.1 Camada de segurança do SE-OpenMRS

A camada de segurança actua como um monitor de referência, que faz parte do TCB e é protegida pela ocultação da implementação dos serviços de segurança através da utilização de interfaces. Além disso, existe outro nível de segurança para as classes de políticas de segurança, ou seja, todas as classes de políticas de segurança estão protegidas por uma palavra-chave *final*. Na linguagem Java, sempre que uma classe é *final*, então não é possível fazer uma subclasse da mesma [Docl7a]. A subclasse é uma relação de herança, o que significa que, se definirmos uma classe filha e a subclassificarmos com uma classe pai, então a classe filha herdará as propriedades da classe pai e as propriedades da classe pai também podem ser modificadas pela classe filha. Por conseguinte, se permitirmos a criação de subclasses no SE-OpenMRS, as classes de política de segurança podem ser modificadas pelas classes exteriores à camada de segurança. A palavra-chave *final* torna as classes de política de segurança imutáveis, ou seja, não modificáveis, e esse comportamento protege as classes de política de segurança. Por exemplo, este comportamento imutável não permitirá que um *programador de serviços backend* modifique as classes de políticas de segurança injectadas por um *gestor de políticas*. *Além* disso, a camada de segurança fornece uma interface claramente definida para as decisões de política, uma vez que todas as PDPs existem dentro da política de segurança no SE-OpenMRS. Para além das decisões de segurança, a camada de segurança também permite a entrada e saída de informações dinâmicas sobre a política de segurança utilizando operações de esquema de autorização, que é um caminho de confiança. Isto permite atualizar o espaço de estados no ambiente da política de segurança dinâmica. A Figura 5.7 mostra uma interface claramente definida para os serviços de segurança do SE-OpenMRS.

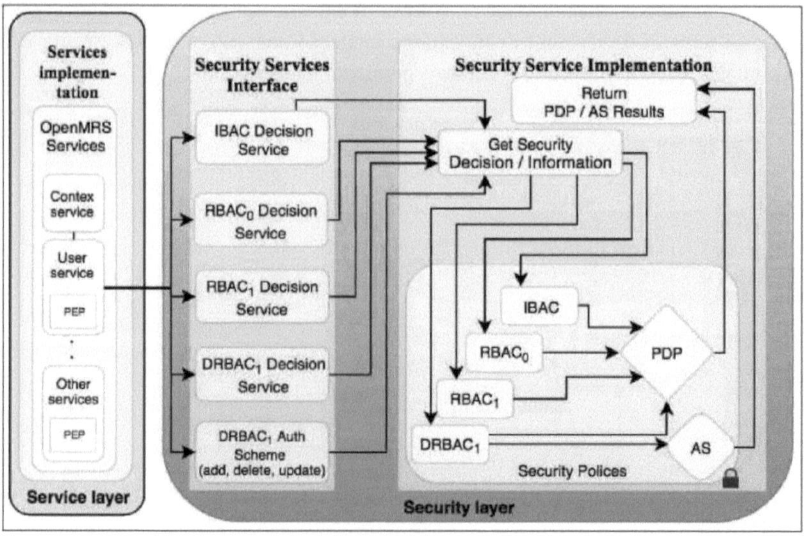

Figura 5.7: Interface da camada de segurança do SE-OpenMRS [Orgl7a]

Como se pode ver na Figura 5.7, todas as PEP existem na camada de *serviços - Implementação* na camada de serviços. Além disso, existem também PEP na camada de apresentação que consultam as PEP na camada de serviço. Todas as PEP da camada de serviço não estão autorizadas a aceder à camada de segurança, existindo apenas uma PEP na camada de serviço que pode solicitar decisões de acesso à camada de segurança. Por conseguinte, todas as PEP do nível de serviço solicitam acesso através dessa única PEP, o que mostra que existe apenas um único caminho para consultar o nível de segurança. Este ponto de entrada único para a camada de segurança garante *uma mediação total*. A figura 5.7 mostra a camada de segurança, onde uma *interface de serviço de segurança* claramente definida fornece serviços para *PDP* e *AS* (esquema de autorização), que são discutidos a seguir:

1. **Ponto de decisão da política:** Quando uma política de segurança é consultada para decisões de acesso. A PDP da política consultada é executada, em que a PDP utiliza o controlo de acesso da política de segurança acedendo ao estado da política e a PDP verifica se o utilizador tem os direitos de acesso ao recurso solicitado e devolve a decisão de permitir ou negar. As PDP de todas as políticas existem de forma independente. Na Figura 5.7, é mostrada apenas uma PDP para simplificar o diagrama.
2. **Esquema de autorização:** As decisões de segurança existem em todas as políticas, enquanto o esquema de autorização existe apenas para políticas dinâmicas. Como já foi discutido na Secção 5.1, o OpenMRS fornece um esquema de autorização como operações de alteração do estado da base de dados. Ao utilizar a base de dados como um esquema de autorização para a

política RBAC, os utilizadores podem adicionar, apagar e atualizar como um conjunto de operações, o que altera o estado da base de dados. Da mesma forma, de acordo com os requisitos de segurança do DRBACi, é implementado um esquema de autorização no SE-OpenMRS que permite alterar o estado da política. Os utilizadores podem realizar operações de adição, eliminação e atualização de utilizadores, funções, privilégios, mapeamento de utilizadores para funções, funções para privilégios e relações de hierarquia de funções. As operações do esquema de autorização são realizadas através da construção de caminhos confiáveis que garantem a inviolabilidade das políticas de segurança.

```
public class PolicyServiceImplementation
{
  // Security services abstract methods implementation.

  static final class IBAC()
  {
    // variables, final methods and data structure.
  }
  static final class RBAC0()
  {
    // variables, final methods and data structure.
  }
  static final class RBAC1()
  {
    // variables, final methods and data structure.
  }
  static final class DRBAC1()
  {
    // variables, final methods and data structure.
  }
}
```

Listagem 5.4: Estrutura de classes aninhadas da camada de segurança (TCB).

A Figura 5.7 mostra a camada de segurança, onde *a Implementação do Serviço de Segurança* incorpora as políticas de segurança. Como mostra a listagem 5.4, a *implementação do serviço de segurança* é uma classe de nível superior, enquanto as classes de políticas de segurança estão aninhadas [Docl7g] dentro da classe *de implementação do serviço de segurança.* Estas classes de políticas de segurança estão ocultas e encapsuladas, o que não permite que o mundo exterior aceda às estruturas de dados internas das políticas de segurança. As classes de política de segurança aninhadas na classe de implementação *do serviço de segurança* têm as seguintes vantagens [Docl7g]:

1. **Agrupamento lógico:** Se for necessário restringir o acesso a uma classe apenas numa classe, por exemplo, no SE-OpenMRS, a classe de política de segurança deve ser acessível apenas na classe de implementação do serviço, a fim de garantir a inviolabilidade. Nesse caso, é lógico incorporar as classes de políticas de segurança na *implementação do serviço de segurança.*
2. **Maior encapsulamento:** Aumenta o encapsulamento de uma forma que estas políticas de segurança estão escondidas fora da implementação da política de segurança. Só a aplicação do serviço de segurança pode consultar diretamente as políticas de segurança, enquanto a estrutura de dados interna das políticas de segurança só é acessível à própria política. Por conseguinte, esta decisão de conceção aumenta a segurança.

Como no SE-OpenMRS, existem políticas estáticas e dinâmicas. As políticas estáticas representam um único snapshot de um estado. No SE-OpenMRS os PEP's consultam as políticas estáticas pela primeira vez quando o sistema inicia, então é inicializado um estado estático, que não pode ser atualizado uma vez iniciado, o que as torna políticas estáticas. Esta inicialização cria as estruturas de dados dentro da classe de política para mapear os componentes do modelo da política de segurança atualmente selecionada. Além disso, estas estruturas de dados são utilizadas para guardar os dados da política e a relação de atribuição, como na política IBAC, as listas de IDs de utilizador, privilégios de sistema e relação de privilégios de utilizador. No caso das políticas estáticas, estas estruturas são voláteis, o que significa que a estrutura de dados será destruída quando o sistema SE-OpenMRS parar. Já no caso de políticas dinâmicas, quando o sistema SE-OpenMRS é iniciado pela primeira vez, um estado inicial é inicializado, o que permite adicionar, excluir e atualizar operações nas estruturas de dados dos componentes do modelo, como funções do sistema, privilégios do sistema, usuários, funções do usuário, etc. No SE-OpenMRS, as operações dinâmicas do estado da política são fornecidas por um esquema de autorização. Após a inicialização, um estado inicial é criado, o qual é salvo em um arquivo serializado, uma vez que as estruturas de dados são voláteis e são destruídas quando o sistema pára, então a política de segurança dinâmica salva a estrutura de dados do espaço de estado em um arquivo serializado sempre que ele é modificado. Além disso, se o sistema for parado e iniciado novamente, o sistema carrega o último estado, o que preserva todos os dados da política. A estrutura de dados HashMap [Docl7f] é utilizada para construir o espaço de estados das políticas de segurança. Estas estruturas de dados HashMap são armazenadas no ficheiro serializado para guardar o estado da política dinâmica. Estas políticas de segurança estáticas e dinâmicas são discutidas abaixo, com a condição de que as sessões existam fora da camada de segurança:

1. **IBAC:** O modelo de segurança de controlo de acesso baseado na identidade tem regras baseadas na identidade de sujeitos e objectos individuais, que são implementadas através de uma matriz de controlo de acesso. Uma matriz de controlo de acesso é uma matriz bidimensional simples, onde são guardados os direitos de acesso dos sujeitos aos objectos. No SE-OpenMRS, os utilizadores são sujeitos, enquanto os recursos do SE-OpenMRS são objectos, o que requer um privilégio para aceder ao recurso, por exemplo, o médico (sujeito) pode aceder ao painel de administração (objeto), se tiver o privilégio de *Ver Funções de Administração*. Uma vez que o sistema SE-OpenMRS é muito grande e escalável no que respeita ao número de entidades, o modelo IBAC não se adapta perfeitamente às necessidades do SE-OpenMRS. Além disso, o modelo é estático, pelo que não é possível gerir as informações de controlo de acesso do utilizador, uma vez que o SE-OpenMRS necessita de um ambiente de política de segurança dinâmico para suportar um esquema de autorização.
2. **RBAC:** Para resolver o problema da escalabilidade, é utilizada uma família de modelos RBAC [SCFY96] [Kitl5] [Schl3]. Uma vez que nas aplicações reais, como no SE-OpenMRS, muitos utilizadores se assemelham nos seus direitos de acesso. Para este efeito, a família RBAC atribui direitos de acesso a funções em vez de a utilizadores. Consequentemente, é atribuído aos utilizadores um conjunto de privilégios através de funções. O modelo básico $RBAC_0$ é definido da seguinte forma:

   Definição 4.1 (modelo RBACo).

   O modelo RBACo é uma tupla (*U, R, P, S, PA, UA, user, roles'*) em que *U* é um conjunto de utilizadores, *R* um conjunto de papéis, $P = 2^{Ox\,OP}$ um conjunto de permissões (0 é um conjunto de objectos, *OP* um conjunto de operações), *S* um conjunto de sessões, *PA P* x *R* uma relação de atribuição de permissões a papéis, $UA \subseteq U \times R$ uma relação de atribuição de utilizadores a papéis, *user* : $S \rightarrow U$ uma função de atribuição que atribui uma sessão a um utilizador e *roles* : $S \rightarrow 2^R$ uma função de atribuição que atribui uma sessão a um conjunto de funções activas onde roles(s $)_i \subseteq \{r \in R|(user(s_i), r) \in UA\}$.

Utilizando a definição de $RBAC_0$, os componentes do modelo são implementados utilizando a estrutura HashMap, que contém informações como uma lista de utilizadores do sistema, uma lista de funções do sistema, uma lista de permissões do sistema, etc. Além disso, a relação de atribuição de permissões a funções e de utilizadores a funções é mantida na estrutura interna de dados HashMap através do mapeamento de diferentes HashMaps. De acordo com os requisitos do SE-OpenMRS, todas as funções existentes no sistema estão activas, pelo que, quando a sessão é estabelecida após a autenticação do utilizador, o estado da política estática é inicializado com os utilizadores do sistema, as funções do sistema e os privilégios do sistema. Além disso, a relação de atribuição de permissão a função e de utilizador a função é criada na inicialização da política. Assim que a política é inicializada, o sistema está pronto para tomar decisões sobre a política. Da mesma forma, este modelo é alargado para incluir hierarquias de funções, utilizando a seguinte definição de RBACi:

Definição 4.2 (modelo RBACi).

O modelo RBACi é uma tupla (17, *R, P, S, PA, UA, utilizador, funções, RH)* em que *U, R, P, S, PA, UA* e *utilizador* são definidos como no modelo $RBAC_0$. $RH \subseteq R \times R$ é uma ordem parcial em *R,* a hierarquia de funções. Além disso, é necessário que *as funções* cumpram roZes(si)$\subseteq$ {r$\in$ *R*\|$\exists$ r'$\in$ R,r'> r : *(user(si),r')*$\in$ *UA}.*

A implementação do modelo RBACo é utilizada através da simples adição das hierarquias de funções no estado estático. Além disso, o PDP RBACi também verifica se as funções do utilizador herdam outras funções para verificar se o utilizador tem ou não acesso a um determinado recurso. Da mesma forma, se forem introduzidas restrições no modelo RBACi, o RBAC2 também pode ser implementado no SE-OpenMRS. Por exemplo, se for necessário restringir o acesso desta função a uma relação de herança, de modo a que nenhuma função possa herdar esta função, pode ser acrescentada esta restrição. Uma vez que no SE-OpenMRS não é necessário adicionar restrições de segurança, o modelo $RBAC_2$ não é aplicado. O modelo RBAC3 é uma combinação dos modelos RBACo, RBACi e $RBAC_2$. Uma vez que apenas o modelo RBACi corresponde aos requisitos de segurança do SE-OpenMRS, o RBAC3 também não é implementado. Mas é possível implementar todas estas famílias de modelos RBAC, se houver necessidade numa organização, utilizando o sistema SE-OpenMRS, através da introdução de novos requisitos de segurança, como o que foi discutido, que é a introdução de restrições. Além disso, o sistema SE-OpenMRS é totalmente flexível para suportar mais políticas, o que requer a adição da classe de política de segurança na camada de segurança. Além disso, é também necessário modificar a interface dos serviços de segurança claramente definida para aplicar a nova política injectada no sistema SE-OpenMRS, o que é discutido em mais pormenor na secção 6.3 da avaliação.

1. **DRBACi: Uma** vez que a família de modelos RBAC é estática e representa apenas um único estado do sistema modelado, ou seja, os dados do modelo não podem ser actualizados. Com modelos de segurança estáticos, não é possível utilizar completamente os benefícios do SE-OpenMRS, uma vez que o sistema requer a gestão dos componentes do modelo, como operações de adição, eliminação e atualização de funções, privilégios, hierarquias de funções e atribuição de funções a utilizadores. Estes requisitos correspondem completamente ao DRBACi com um esquema de autorização, que permite que os utilizadores com direitos de acesso executem as operações do esquema de autorização que alteram o estado da política, por exemplo, a inserção de uma nova função de sistema no SE-OpenMRS altera o estado atual para um novo estado. Uma vez que não existem restrições no sistema SE-OpenMRS, é utilizado o modelo DRBACi. Além disso, também é possível implementar o $DRBAC_2$ introduzindo o sistema de restrições no SE-OpenMRS.

Segue-se a definição de DRBACi, onde o espaço de estados é dinâmico e permite operações de esquema de autorização [Kitl5] [Schl3]:

Definição 4.3 (modelo DRBACi).

O modelo DRBACi é uma tupla (Q, $\sum$, δ,q_0 , *OP, R, RH)* em que $Q = 2^U \times 2^o \times 2^P \times 2^s \times 2^{PA} \times 2^{UA} \times USER \times ROLES$ é o espaço de estados com *U, O, P, S, PA, UA, RH* definidos como no modelo RBACi, $USER = \{user \backslash user : S \rightarrow U\}$ é um conjunto de todas as funções de atribuição de sessões a um utilizador, $ROLES = \{roles \backslash roles : S \rightarrow 2^R\}$ é um conjunto de todas as funções de atribuição de sessões a papéis, $\sum = OP \times X$ é o alfabeto de entrada, $\delta : Q \times \sum \rightarrow Q$ é a função de transição de estado e q_0 o estado inicial, enquanto *OP, R* e *RH* são componentes estáticos.

O modelo DRBACi inclui o modelo RBACi e HRU, que utiliza uma máquina de estados que permite a modelação do comportamento dinâmico. Consequentemente, a máquina de estados dinâmica permite a análise do modelo de segurança para determinadas propriedades de segurança, como um sistema de informação simples de um hospital, em que os médicos e os enfermeiros são funções, os utilizadores são sujeitos e os registos dos doentes são objectos. Uma vez que o SE-OpenMRS é também um sistema de registos médicos dos doentes, a política DRBACi com hierarquias de funções adapta-se perfeitamente às suas necessidades de segurança, pois o SE-OpenMRS também gere hierarquias de funções. A política de segurança DRBACi implementada no SE-OpenMRS utiliza a mesma estrutura de dados das políticas estáticas, ou seja, o HashMap. Além disso, a máquina de estado dinâmica oferece operações de esquema de autorização, que permitem adicionar, excluir e atualizar componentes de modelo no espaço de estado da política, fornecendo uma entrada, alterando assim o espaço de estado. Como resultado, a alteração no espaço de estados dinâmico está disponível como serviço de segurança para a camada de serviço, que propaga as novas informações de estado para a camada de apresentação utilizando caminhos fiáveis. A camada de serviço utiliza os serviços do esquema de autorização fornecidos pela interface claramente definida. A camada de apresentação utiliza estes serviços de esquema de autorização para atualizar a alteração efectuada pelo utilizador com direitos de acesso.

Nesta subsecção, é abordada uma camada de segurança introduzida no sistema. A discussão centra-se principalmente no fornecimento de apoio flexível utilizando o monitor de referência e o TCB. Além disso, as políticas integradas na camada de segurança são estruturadas de forma a torná-la uma fonte fiável. As políticas de segurança são discutidas para mostrar por que razão certas políticas são implementadas e o que pode ser feito para implementar novos requisitos de segurança através da integração de novas políticas de segurança na camada de segurança. A decisão de conceção de incluir uma camada de segurança contribui para suportar políticas de segurança flexíveis.

5.4.2 Mecanismos de segurança do SE-OpenMRS

Tal como referido na subsecção 3.3.1, o OpenMRS fornece mecanismos de segurança utilizando três triplas *AAA*: autenticação, autorização e responsabilização. A noção de mecanismos de segurança de autenticação e responsabilização é a mesma no SE- OpenMRS e no OpenMRS. Uma vez que o OpenMRS utiliza a autorização para colocar restrições, ou seja, o que os utilizadores podem fazer no sistema, o que foi conseguido utilizando anotações. No SE-OpenMRS, o sistema de verificação de anotações é removido, eliminando assim o mecanismo de segurança de autorização. O monitor de referência introduzido no SE- OpenMRS agora fornece o mecanismo de autorização, que consulta a política de segurança atualmente em execução na camada de segurança para fornecer o acesso ao recurso aos usuários autorizados.

Além disso, o SE-OpenMRS suporta a flexibilidade das políticas de segurança, o que permite analisar os mecanismos de segurança de diferentes políticas de segurança, alterando a política através da secção *Gestão de Políticas* do SE-OpenMRS. Estas políticas de segurança controlam a propagação dos direitos de acesso, assegurando que a política de segurança é consultada para cada decisão de acesso, o que é um mecanismo de segurança para alcançar o princípio do monitor de referência de *Mediação Total*. Isto é feito separando os PEP's e PDP's na camada de serviço e colocando todos os PDP's na camada de segurança. Apresenta-se de seguida uma panorâmica dos mecanismos de segurança do SE-OpenMRS:

1. **Mecanismo de aplicação: Os** mecanismos de aplicação de políticas, diretamente integrados na camada de serviço que fornece os serviços SE-OpenMRS, permitem o suporte de políticas dinâmicas que permitem a atribuição ou revogação de direitos de acesso através da execução das operações do esquema de autorização.
2. **Mecanismo de Flexibilidade de Políticas:** Para lidar com políticas estáticas ou dinâmicas, o sistema SE-OpenMRS utiliza o mecanismo de ativação e desativação de PEP's para alternar as políticas, permitindo a mediação apenas através da política atualmente em execução no sistema SE-OpenMRS.
3. **Mecanismo de caminhos de confiança:** Os PEP na camada de serviço que estão a aplicar a política de segurança dinâmica permitem mover informações para dentro e para fora do TCB. Quando as operações do esquema de autorização alteram o estado da política, estas alterações são propagadas na camada de apresentação através das PEP da política dinâmica na camada de serviço. Este mecanismo constrói um caminho. Tal como referido na Secção 5.4, o SE-OpenMRS cria um caminho de confiança, que protege as informações de controlo de acesso provenientes do TCB.
4. **Rotulagem de recursos:** Como o OpenMRS utiliza o mecanismo de atribuição de um privilégio ao recurso, rotulando-o com um privilégio. O SE- OpenMRS utiliza este mecanismo para fornecer um suporte flexível.

CAPÍTULO 6

Avaliação

Este capítulo trata da avaliação do SE-OpenMRS, que envolve a definição de objectivos de avaliação, métodos e interpretação dos resultados. Os objectivos fornecem um roteiro para o processo de avaliação do SE-OpenMRS. Os métodos de avaliação, que dependem dos objectivos de avaliação, contribuem para a obtenção dos resultados da avaliação. Os resultados da avaliação são úteis para a interpretação e, eventualmente, este processo de avaliação demonstra o impacto do sistema SE-OpenMRS de acordo com os objectivos da avaliação.

6.1 Objectivos

Segue-se uma panorâmica dos objectivos da avaliação:

1. **Suporte flexível para políticas de controlo de acesso:** Avaliação do suporte flexível do SE-OpenMRS para políticas de controlo de acesso, por exemplo, a família de modelos RBAC, em que o aspeto da avaliação do suporte flexível de políticas consiste em determinar o esforço necessário nas diferentes camadas do SE-OpenMRS para introduzir uma nova política de segurança de controlo de acesso.
2. **Identificabilidade do TCB:** Avaliação da identificabilidade do TCB e discussão da validação dos princípios do monitor de referência, em que a identificabilidade indica que a identificação de todos os componentes funcionais pertencentes ao TCB.
3. **Custo adicional de desempenho:** Avaliação da sobrecarga de desempenho, em termos de tempo médio, causada pela arquitetura de segurança SE-OpenMRS.

6.2 Métodos

Seguem-se os métodos de avaliação que são aplicados para atingir os objectivos de avaliação:

1. **Suporte flexível para políticas de controlo de acesso:** O método consiste em discutir os requisitos em três camadas do SE-OpenMRS para a introdução de uma nova política de controlo de acesso no SE-OpenMRS. Estes requisitos demonstram quão dispendiosa é a introdução de uma nova política de controlo de acesso no SE-OpenMRS.
2. **Identificabilidade do TCB:** O método consiste em discutir um conjunto de condições precisas e suficientes para a identificação dos componentes da TCB no sistema SE-OpenMRS. Estas condições contribuem para determinar quais os componentes funcionais que pertencem à TCB. Além disso, são apresentados alguns comentários sobre a validação dos princípios do monitor de referência, que já foram discutidos na secção 5.3.
3. **Custos adicionais de desempenho:** O método consiste em discutir os diferentes cenários para calcular e comparar o desempenho do sistema SE-OpenMRS em termos de tempo médio. Para analisar o desempenho da arquitetura de segurança do SE-OpenMRS, mede-se o tempo de execução de uma operação no sistema. De seguida, apresentam-se as duas categorias de operações no SE-OpenMRS e no sistema OpenMRS:
   (a) **Operação de acesso a recursos:** Aceder a recursos no sistema subjacente, por exemplo, na camada de segurança do SE-OpenMRS, é chamado o serviço de decisão que devolve uma mensagem de autorização ou recusa. Em contrapartida, no OpenMRS, o acesso a um recurso é assegurado pela verificação de permissões na camada de serviço, em que os dados da política RBAC são solicitados a partir de objectos da base de dados Hibernate [Orgl6a].

(b) **Operações de Esquema de Autorização e Base de Dados:** Realização de operações de adição, eliminação e atualização no sistema subjacente, por exemplo, no sistema SE-OpenMRS são realizadas operações de adição, eliminação e atualização do esquema de autorização, enquanto que no sistema OpenMRS são realizadas operações de adição, eliminação e atualização da base de dados. Estas operações de adição, eliminação e atualização são realizadas sobre utilizadores, funções, privilégios e relações de mapeamento. Além disso, adicionar, apagar e atualizar um utilizador no SE- OpenMRS é o único caso em que o sistema executa tanto o esquema de autorização como as operações de base de dados. Enquanto que, em todos os outros casos, por exemplo, adição, exclusão e atualização de uma função, o sistema SE-OpenMRS executa apenas operações de esquema de autorização. Além disso, o sistema OpenMRS só pode efetuar operações de base de dados.

Para calcular o tempo de execução de uma operação, são obtidos os registos de data e hora do sistema antes e depois da execução da operação, efectuando depois a experiência várias vezes e obtendo a média dos 50 valores para obter um tempo médio, o que minimiza o erro de cálculo. Além disso, os valores máximo e mínimo do tempo de execução são utilizados para mostrar o desvio padrão do valor médio. De seguida, apresentam-se os cenários de execução do programa para a primeira categoria de operações, ou seja, a *operação de acesso aos recursos:*

a) **Cenário 1 (SE-OpenMRS):** Medição do tempo de execução do acesso a recursos no sistema SE-OpenMRS. Neste cenário, a camada de apresentação solicita recursos aos PEP da camada de serviço e o único PEP, que pode chamar diretamente a camada de segurança, devolve uma mensagem de autorização à camada de apresentação. Por conseguinte, o tempo de execução inclui o tempo para invocar esse único PEP e o tempo para devolver a resposta à camada de apresentação, pelo que designamos este cenário como SE-OpenMRS sem política.
b) **Cenário 2 (SE-OpenMRS):** Medição do tempo de execução do acesso a recursos no sistema SE-OpenMRS. Neste cenário, a camada de apresentação solicita recursos aos PEP na camada de serviço e o PEP chama o PDP na camada de segurança. A PDP devolve a mensagem de autorização à camada de serviço que devolve a resposta à camada de apresentação. Por conseguinte, o tempo de execução inclui o tempo para invocar o PEP, o PDP e o tempo para devolver a resposta à camada de apresentação através da camada de serviço. Isto mostra que não há verificação do controlo de acesso na PDP, a PDP devolve simplesmente uma mensagem de autorização, pelo que chamamos a este cenário SE-OpenMRS com uma política vazia.
c) **Cenário 3 (SE-OpenMRS):** Este cenário é idêntico ao cenário 2 com uma adição, ou seja, a verificação do controlo de acesso é efectuada no PDP, seleccionando DRBACi como política de exemplo para este cenário. Por conseguinte, o tempo de execução inclui o tempo para invocar a verificação do controlo de acesso no PDP e o tempo para devolver a resposta à camada de apresentação, pelo que chamamos a este cenário SE-OpenMRS normal.
d) **Cenário 4 (OpenMRS):** Medição do tempo de execução do acesso a recursos no sistema OpenMRS. Neste cenário, a camada de apresentação solicita recursos aos PEP na camada de serviço e o PEP consulta o PDP para tomar decisões de segurança na camada de serviço, uma vez que no OpenMRS os PEP e PDP RBAC integrados existem na camada de serviço. Além disso, os dados da política de segurança são fornecidos por objectos de base de dados hibernados, que fazem parte do processamento da PDP. Por conseguinte, o tempo de execução inclui o tempo para invocar o PEP, o PDP, o processamento do PDP e o tempo para devolver a resposta à camada de apresentação, pelo que chamamos a este cenário OpenMRS normal.

A Figura 6.1 mostra a ilustração dos cenários de *operação de acesso aos recursos* do SE-OpenMRS. Uma vez que a camada de segurança actua como um monitor de referência, a diferença entre o tempo de execução dos cenários 1 e 2 mostra a sobrecarga de chamada do monitor de referência no SE-OpenMRS. Além disso, a diferença entre o tempo de execução dos cenários 3 e 4 mostra a comparação dos custos gerais entre a arquitetura de segurança global do SE-OpenMRS e do OpenMRS, que inclui a chamada do PEP, o processamento do PDP e o retorno da resposta aos custos gerais da camada de apresentação.

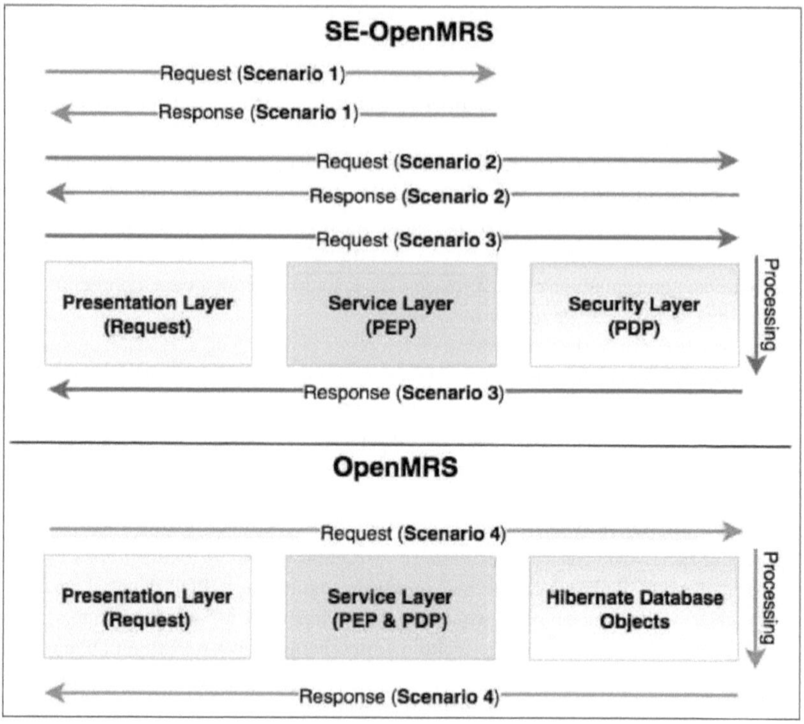

Figura 6.1: Cenários de tempo de execução do acesso aos recursos [Orgl7a].

De seguida, apresentam-se os cenários de execução do programa para a segunda categoria de operações, ou seja, o *Esquema de Autorização e as Operações de Base de Dados:*

(a) **Cenário 5 (SE-OpenMRS):** Medição do tempo de execução das operações do esquema de autorização e da base de dados no sistema SE-OpenMRS, por exemplo, adicionar, eliminar e atualizar um utilizador. Neste cenário, a camada de apresentação submete os dados das operações do esquema de autorização à camada de serviço. A camada de serviço envia os dados para a base de dados e para a camada de segurança e, em seguida, a camada de segurança devolve uma resposta de sucesso após a inserção dos dados. A política de segurança selecionada é DRBACi, uma vez que as operações do esquema de autorização só podem ser executadas para políticas dinâmicas. Além disso, no caso de operações de adição, eliminação e atualização de funções e privilégios, apenas são executadas operações de esquema de autorização, enquanto que nas operações de adição, eliminação e atualização de utilizadores, são executadas operações de esquema de autorização e de base de dados.

(b) **Cenário 6 (OpenMRS):** Medição do tempo de execução das operações da base de dados no sistema OpenMRS, por exemplo, adicionar, apagar e atualizar um utilizador. Neste cenário, a camada de apresentação submete os dados das operações da base de dados à camada de serviço, a camada de serviço submete os dados à base de dados e a camada de base de dados devolve uma resposta bem sucedida. Neste cenário, é utilizado o OpenMRS com uma política de segurança RBAC integrada.

Nos cenários 5 e 6, é medido o tempo de execução das operações da base de dados e do esquema de autorização no SE-OpenMRS e no OpenMRS. A diferença entre os tempos de execução mostra a sobrecarga da arquitetura de segurança do SE-OpenMRS para as operações de adição, eliminação e atualização de um esquema de autorização realizadas num utilizador. Já no caso das operações de adição, exclusão e atualização de funções e privilégios, o desempenho do SE-OpenMRS é melhor, pois são realizadas apenas operações de esquema de autorização e não há operações de banco de dados. As operações de base de dados são mais dispendiosas do que as operações do esquema de autorização porque o tempo de execução da consulta é superior ao tempo de acesso a um objeto de serviços da camada de segurança. Para medir o tempo de execução, são utilizadas as seguintes propriedades do sistema:

- Processador: Processador Intel Core i5 de 2,6 GHz (Turbo Boost até 3,1 GHz).
- Memória: 8 GB.
- Sistema operativo: macOS Sierra (Versão 10.12.1).

Para obter resultados de desempenho prometedores, é escolhida uma resolução de relógio em microssegundos (/zs), uma vez que a execução de uma operação pode demorar menos de 1 milissegundo (ms) no sistema. A fim de tornar o sistema estável, as operações são efectuadas várias vezes para encher as caches do sistema. Além disso, ao medir os valores do tempo de execução das operações, evita-se a sobrecarga de comutação de processos, atribuindo ao processo da aplicação Safari e SE-OpenMRS a prioridade mais elevada. A prioridade do processo é alterada executando o comando de terminal *renice* [Mani 7] com o utilizador root. Este comando altera a prioridade dos processos em execução. O utilizador root pode alterar a prioridade de qualquer processo e definir a prioridade para qualquer valor no intervalo de -20 a 20. Onde 20 representa a prioridade mais baixa e -20 representa a prioridade mais alta no Mac OS. Além disso, todos os outros processos desnecessários do utilizador em segundo plano são eliminados, permitindo apenas os processos do sistema operativo com a prioridade predefinida. As propriedades a seguir são usadas para medir o tempo de execução usando o IDE Eclipse:

- Navegador Web: Safari (Versão 10.0.1).
- Resolução do relógio: 1 µs.
- Número de valores considerados para calcular o tempo médio de cada operação: 50.
- Prioridade do processo Safari: máxima.
- SE-OpenMRS e OpenMRS Prioridade do processo: máxima.

6.3 Suporte flexível para avaliação das políticas de controlo de acesso

Como já foi discutido no Capítulo 5, o SE-OpenMRS oferece suporte flexível a políticas, simplesmente aplicando as políticas de segurança introduzidas na camada de segurança do SE-OpenMRS, que utiliza as ideias da arquitetura de segurança Flask. A fim de avaliar o suporte flexível do SE-OpenMRS, são discutidos os requisitos para introduzir uma política de controlo de acesso.

Antes de entrar nos pormenores destes requisitos, é necessário destacar o significado de flexibilidade no SE-OpenMRS. O suporte flexível significa que é possível introduzir mais políticas de segurança de controlo de acesso na camada de segurança, sem alterar a arquitetura de segurança subjacente do SE-OpenMRS. Quando é introduzida uma nova política de segurança, a arquitetura de segurança do SE-OpenMRS permanece a mesma, sendo necessário cumprir os seguintes requisitos em diferentes camadas do SE-OpenMRS para a política de segurança recentemente injectada na camada de segurança:

1. **Camada de segurança:** Como já discutido na Subsecção 5.4.1, a Figura 5.7 mostra a interface claramente definida para os serviços de segurança. Esta interface claramente definida apenas fornece serviços para políticas de segurança que estão integradas na camada de segurança. As políticas de segurança incorporadas na camada de segurança fornecem dois tipos de serviços, ou seja, o serviço de *decisão política* e o serviço de operações *do esquema de autorização.* O serviço de operações do esquema de autorização só está disponível para políticas de segurança dinâmicas. O argumento seguinte mostra os requisitos da camada de segurança para introduzir uma nova política de segurança no sistema SE-OpenMRS:

Requisito 6.1 (Nível de segurança).
Se for introduzida uma nova política de controlo de acesso no SE-OpenMRS, é necessário introduzir um serviço de decisão de política para a nova política injectada. Além disso, se a política de segurança recém-injectada for dinâmica, o esquema de autorização também pode ser introduzido de acordo com a política de segurança e os requisitos do sistema SE-OpenMRS. Para adicionar os serviços para a política recentemente injectada, os métodos abstractos [Docl7e] devem ser adicionados à interface *org.seopenmrs. security. Policy Serviceinterface,* interface *java*, enquanto a implementação dos métodos abstractos deve ser adicionada em *org.seopenmrs.security. Policy Service lmplementation.* classe *java*, que existe na camada de segurança.

2. **Camada de serviço: Tal** como referido na secção 5.4, a arquitetura de segurança do SE-OpenMRS na camada de serviço impõe as políticas de segurança, restringindo os pedidos de consulta da política de segurança atualmente em execução na camada de segurança. Na camada de serviço, existe apenas uma PEP, que consulta a política de segurança, pelo que todas as outras PEP na camada de serviço solicitam a esta única PEP que tome decisões de controlo de acesso. A camada de serviço contém apenas PEP das políticas de segurança que estão integradas na camada de segurança. O argumento seguinte mostra os requisitos da camada de serviço para a introdução de uma nova política de segurança no sistema SE-OpenMRS:

Requisito 6.2 (Camada de serviço).
Se for introduzida uma nova política de controlo de acesso no SE-OpenMRS, é necessário aplicar a nova política de segurança integrada na camada de serviço, introduzindo uma nova PEP para as decisões relativas à política de segurança. Além disso, se a política exigir a introdução de um regime de autorização, é igualmente necessário aplicar um novo mecanismo de regime de autorização na camada de serviço. Para introduzir o serviço de decisão para a política de segurança recentemente integrada, a nova PEP deve ser aplicada na classe *java org. openmrs. User.* Enquanto que, para introduzir um esquema de autorização, as PEP do esquema de autorização devem ser introduzidas na classe *org.openmrs.api.db.hibernate.HibemateUserDAO.java*, que é a implementação da interface *org.openmrs.api.db.hibernate. UserDAO.java.*

3. **Camada de apresentação:** Como já foi referido na secção 5.1, a figura 5.1 mostra a secção de gestão de *políticas* do SE-OpenMRS, que permite mudar para uma política diferente em tempo de execução do SE-OpenMRS. A secção de gestão de políticas apresenta todas as políticas integradas na camada de segurança. Além disso, as secções *Gerir Utilizadores, Gerir Funções*

e *Gerir Privilégios* fornecem uma interface de utilizador para executar operações de esquema de autorização. O argumento a seguir mostra o requisito na camada de apresentação para introduzir uma nova política de segurança no sistema SE-OpenMRS:

Requisito 6.3 (Camada de apresentação).

Se for introduzida uma nova política de controlo de acesso no SE-OpenMRS, é necessário alterar a camada de apresentação para a seleção da nova política de segurança injectada na secção *Gestão de Políticas*. Além disso, se a política recém-injectada utilizar um esquema de autorização, é igualmente necessário introduzir uma nova secção de gestão, ou utilizar secções de gestão existentes, para permitir que um utilizador com direitos de acesso efectue operações de esquema de autorização. Para adicionar a seleção da política de segurança recentemente injectada, a classe *org.openmrs.web.controller.user. Policy List Controller.java* no módulo UI Legacy deve ser editada para adicionar a nova política. Além disso, é necessário editar o JSP, ou seja, *policyList.jsp,* para adicionar o novo controlo de comutação. Embora o esquema de autorização já esteja integrado na camada de apresentação, também pode ser utilizado com a nova política de segurança injectada, dependendo dos requisitos da política.

Os três requisitos acima referidos, em diferentes camadas do SE-OpenMRS, orientam a introdução de uma nova política de segurança. Estes requisitos podem ser aplicados a qualquer política de controlo de acesso para a introduzir no sistema. Considere-se um exemplo em que é necessário introduzir restrições no sistema SE-OpenMRS, por exemplo, uma das restrições pode ser o facto de um único utilizador não poder ativar o papel de médico e de doente ao mesmo tempo no sistema SE-OpenMRS. Para introduzir o sistema de restrições, podem ser injectados modelos de política de segurança $RBAC_2$ ou $DRBAC_2$, mediante o cumprimento dos requisitos de introdução de políticas de segurança no SE-OpenMRS. Na camada de segurança, é necessário introduzir a política e os respectivos serviços de interface.

Na camada de serviço, é necessário introduzir uma nova PEP para aplicar a nova política de segurança. Na camada de apresentação, é necessário alterar a secção de gestão de políticas para permitir a seleção da política de segurança $RBAC_2$ ou $DRBAC_2$. Além disso, para gerir as restrições em DRBAC2, pode ser introduzida uma nova secção "*Gestão de restrições*", por exemplo, para permitir que o utilizador com direitos de acesso atribua restrições a um determinado conjunto de utilizadores.

Considere-se um outro exemplo, em que é necessário introduzir uma política de controlo de acesso baseada em atributos (ABAC). A política ABAC define um controlo de acesso, em que os direitos de acesso são concedidos aos utilizadores através da função de controlo de acesso, que se baseia nos atributos do sujeito e do objeto.

Do mesmo modo, no SE-OpenMRS, os sujeitos e os objectos podem ser anotados com atributos e, seguindo os três requisitos de política acima referidos, pode ser introduzida a política de segurança ABAC. Além disso, as políticas de segurança que utilizam um controlo de acesso, por exemplo, o modelo de fluxo de informação com controlo de acesso, também podem ser introduzidas através da implementação da política e da sua introdução no SE-OpenMRS, cumprindo os três requisitos acima referidos.

6.3.1 Interpretação

Estes três conjuntos de requisitos no sistema SE-OpenMRS para introduzir uma nova política de segurança não alteram a arquitetura de segurança subjacente do SE-OpenMRS, o que mostra que o SE-OpenMRS é flexível para as políticas de segurança de controlo de acesso. Na camada de segurança, os serviços de interface apenas requerem a definição de alguns conjuntos de funções abstractas na classe de interface e a implementação de métodos abstractos na classe de implementação da interface. Na camada de serviço, a introdução de uma nova PEP requer apenas a introdução da instrução if-then-else, uma vez que existe apenas uma única PEP que comunica com a camada de segurança. Na camada de apresentação, o único requisito é a introdução de um novo controlo de comutação para permitir a seleção da política de segurança recentemente injectada. Estes três conjuntos de requisitos mostram que é necessário um pequeno esforço para introduzir uma nova política de segurança de controlo de acesso.

6.4 Avaliação da identificabilidade do TCB

Tal como referido na Secção 5.4, a arquitetura de segurança do SE-OpenMRS inclui uma camada de segurança que actua como monitor de referência e uma TCB que fornece serviços de confiança à camada de serviço.

A camada de serviço utiliza os serviços da camada de segurança para efetuar decisões de política e operações do esquema de autorização. Além disso, na secção 5.3 é abordado o SE-OpenMRS TCB, que inclui um monitor de referência e o SE-OpenMRS segue os três princípios do monitor de referência. A *Mediação Total* é satisfeita, uma vez que existe apenas uma interface para aceder aos serviços da camada de segurança. Este caminho único para aceder à camada de segurança é a mesma ideia que o SO baseado no microkernel, em que todos os pedidos são mediados através do microkernel. O *princípio da inviolabilidade* é satisfeito, uma vez que o isolamento é conseguido utilizando as características de separação oferecidas pela linguagem de programação Java, que coloca todo o compilador no TCB. O princípio da *verificabilidade é satisfeito* através da utilização da complexidade mínima do código.

A secção 5.3 aborda mais pormenorizadamente a validação dos princípios do monitor de referência. Além disso, a avaliação da identificabilidade da TCB exige a análise de um conjunto de condições relativas aos componentes funcionais das camadas SE-OpenMRS. Estas condições determinam se um componente funcional pertence ou não à TCB. Estas condições são analisadas a seguir, o que se aplica às camadas de apresentação e de serviço, uma vez que estas duas camadas estão a utilizar serviços da camada de segurança:

1. **Serviço de decisão:** A camada de segurança é um TCB que fornece serviços para decisões políticas e estes serviços são utilizados pela camada de serviço SE-OpenMRS. Todos os componentes funcionais da camada de serviço que acedem aos serviços de segurança direta ou indiretamente (através de outros componentes funcionais) pertencem ao TCB. Na camada de apresentação, todos os componentes funcionais que participam na invocação do serviço de decisão através da camada de serviço pertencem igualmente ao TCB; por exemplo, na camada de apresentação, antes de exibir um recurso na interface do utilizador, os direitos de controlo de acesso são verificados em relação ao recurso solicitado, o que implica a invocação de um serviço de decisão. Todos os componentes funcionais da camada de apresentação que efectuam esta verificação dos direitos de acesso pertencem ao TCB, o que torna este serviço identificável. Uma vez que todos os recursos são conhecidos no sistema SE-OpenMRS, por exemplo, se apenas o módulo UI Legacy estiver instalado no sistema SE-OpenMRS, os recursos existentes no módulo UI Legacy são identificáveis. Isto mostra que a TCB cresce e diminui à medida que os módulos são instalados ou removidos do sistema SE-OpenMRS. A condição seguinte é o resumo da discussão anterior, que contribui para a identificação dos componentes pertencentes à TCB:

   Condição 6.4 (Serviço de decisão).

   Todos os componentes funcionais do sistema SE-OpenMRS nas camadas de serviço e de apresentação, que solicitam o serviço de decisão sobre políticas, pertencem ao TCB. Por outro lado, todos os outros componentes funcionais, que não participam na invocação do serviço de decisão sobre políticas, não pertencem ao TCB.

2. **Serviço de esquema de autorização: A** camada de segurança também fornece o serviço de esquema de autorização para a realização de operações através da introdução de dados pelo utilizador. As operações do esquema de autorização são acessadas pela camada de serviço quando um usuário com direitos de acesso interage com a aplicação SE-OpenMRS para realizar operações de adição, exclusão e atualização. Todos os componentes funcionais da camada de serviço, que implicam o acesso direto ou indireto a um esquema de autorização, pertencem ao TCB. Enquanto na camada de apresentação, os componentes funcionais que envolvem a invocação de um esquema de autorização através da camada de serviço, pertencem ao TCB. Por exemplo, no módulo UI Legacy, as secções *Gerir Utilizadores, Gerir Funções* e *Gerir Privilégios* fornecem uma interface de utilizador para executar as operações do esquema de autorização e também pertencem ao TCB. Além disso, estas são as únicas secções que fornecem acesso a um esquema de autorização que torna este serviço identificável. A condição seguinte é o resumo da discussão acima, que contribui para a identificação dos componentes pertencentes ao TCB:

Condição 6.5 (Serviço do regime de autorização).

Todos os componentes funcionais do sistema SE-OpenMRS nas camadas de serviço e apresentação, que solicitam um serviço de esquema de autorização, pertencem ao TCB. Enquanto todos os outros componentes funcionais, que não participam no acesso a este serviço, não pertencem ao TCB.

6.4.1 Interpretação

As duas condições acima podem ser aplicadas a qualquer componente funcional do sistema SE-OpenMRS, se uma das condições for satisfeita, então o componente em questão pertence à TCB.

6.5 Avaliação da sobrecarga de desempenho

Tal como referido na Secção 6.2, os diferentes cenários para avaliar o desempenho do sistema SE-OpenMRS. Uma vez que existem duas categorias de cenários, em ambas as categorias o tempo médio foi medido através da repetição da experiência várias vezes após o preenchimento da cache do sistema. O tempo médio de acesso foi medido com uma resolução de relógio de 1 /zs, enquanto nos diagramas os valores de tempo são convertidos em ms. Além disso, foram atribuídas aos sistemas de software em causa prioridades de utilizador ao mais alto nível para evitar a sobrecarga de comutações de processos.

Nas Figuras 6.2, 6.3 e 6.4, o eixo y mostra o tempo em ms, enquanto o eixo x mostra o número n de recursos. Os recursos são os objectos da interface do utilizador através dos quais os utilizadores podem navegar no SE-OpenMRS para aceder a mais recursos, por exemplo, na Figura 5.1, *Administração* é um objeto da interface do utilizador. A legenda retangular mostra o tempo médio em ms para aceder a um número n de recursos, enquanto as barras de erro a vermelho mostram o valor máximo e mínimo do desvio padrão do valor médio. O desvio padrão é tão pequeno que o seu valor máximo superior e o seu valor mínimo inferior são pouco visíveis nos diagramas para valores mais pequenos de n. Logo que o número de recursos aumenta, o desvio-padrão também aumenta. A Tabela 6.1 mostra o cálculo do desvio padrão para um máximo de 50 recursos no cenário 1. O *valor* médio é a média do tempo de execução, o *valor máximo* e o *valor* mínimo são o tempo de execução máximo e mínimo, enquanto *SD Max/Min* são os valores de desvio padrão máximo e mínimo, representados como barras de erro vermelhas nos diagramas. Os valores *SD Max/Min* são arredondados até três casas decimais por uma questão de simplicidade. Os valores indicados no Quadro 6.1 para o cenário 1 são aqui apresentados para mostrar que o desvio padrão é muito pequeno, o que é ilustrado nos diagramas. Para os outros cenários, o desvio-padrão é calculado da mesma forma que para o cenário 1.

No. of Resources	Avg. value (ms)	Max value (ms)	Min value (ms)	SD Max/Min
10	0.70	0.86	0.66	0.026 / 0.002
20	1.45	1.66	1.32	0.044 / 0.017
30	2.20	2.43	1.99	0.053 / 0.044
40	2.98	3.23	2.70	0.062 / 0.078
50	3.87	4.14	3.58	0.073 / 0.084

Tabela 6.1: Cálculo do desvio-padrão (DP) do cenário 1 (SE-OpenMRS).

6.5.1Cenário 1 vs Cenário 2

A Figura 6.2 mostra a comparação do tempo médio dos cenários 1 e 2. No cenário 1, é medido o custo da arquitetura de segurança SE-OpenMRS, em termos de tempo médio, quando o PEP na camada de serviço devolve uma decisão de autorização. No cenário 2, mede-se o custo da arquitetura de segurança SE-OpenMRS e da chamada da PDP, em termos de tempo médio, em que a PDP devolve uma decisão de autorização sem qualquer processamento da PDP. Assim, nesta comparação, a sobrecarga adicional causada pelo monitor de referência é ilustrada na Figura 6.2. O tempo médio para aceder a 10 recursos no cenário 1 é de 0,70 ms, enquanto no cenário 2 o tempo médio para aceder a 10 recursos é de 0,79 ms. O tempo médio adicional de 0,9 ms é causado pela chamada do PDP, que actua como monitor de referência, uma vez que todos os pedidos de decisão são mediados pelo PDP da política selecionada. Esta sobrecarga de 0,9 ms é a mesma para todas as políticas de segurança integradas na camada de segurança, uma vez que não há processamento de PDP no cenário 2.

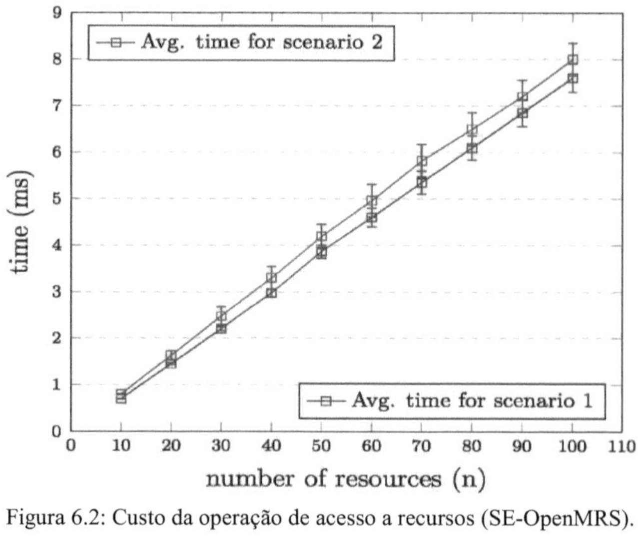

Figura 6.2: Custo da operação de acesso a recursos (SE-OpenMRS).

6.5.2 Cenário 1 vs Cenário 3

A Figura 6.3 mostra a comparação do tempo médio dos cenários 1 e 3. No cenário 1, é medido o custo da arquitetura de segurança SE-OpenMRS, em termos de tempo médio, quando o PEP na camada de serviço devolve uma decisão de autorização. Enquanto no cenário 3, o custo da arquitetura de segurança SE-OpenMRS, em termos de tempo médio, é medido para a política de segurança DRBACi, que inclui a chamada do PEP, o PDP e o custo de processamento do PDP. Assim, nesta comparação, a sobrecarga adicional causada pelo monitor de referência e pelo processamento do PDP é ilustrada na Figura 6.3. O tempo médio para aceder a 10 recursos no cenário 1 é de 0,70 ms, enquanto no cenário 3 o tempo médio para aceder a 10 recursos é de 0,84 ms. O tempo médio adicional de 0,14 ms é causado pela chamada do PDP e pelo processamento do PDP, que actua como monitor de referência, uma vez que todos os pedidos de decisão são mediados pelo PDP da política selecionada. Esta sobrecarga de 0,14 ms é causada pela chamada da PDP e pelo processamento da PDP da política de segurança DRBACi. Por conseguinte, esta sobrecarga adicional não é a mesma para todas as políticas de segurança integradas na camada de segurança, uma vez que existe processamento PDP no cenário 3 e o processamento PDP de diferentes políticas de segurança é diferente.

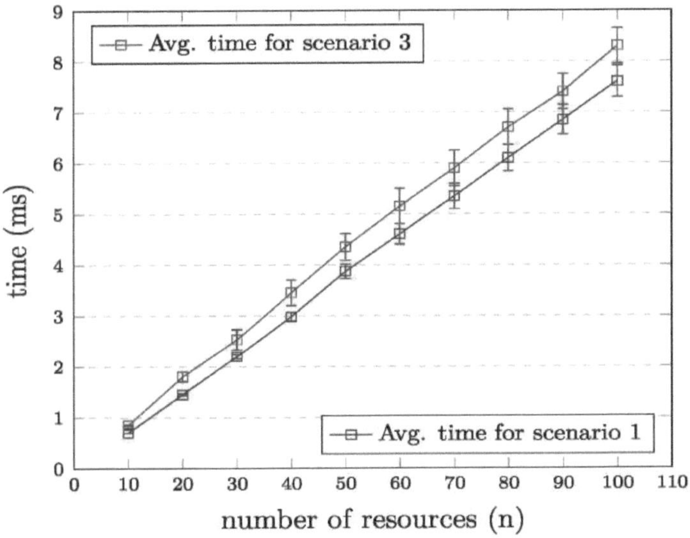

Figura 6.3: Custo da operação de acesso a recursos (SE-OpenMRS).

6.5.3Cenário 3 vs Cenário 4

A Figura 6.4 mostra a comparação do tempo médio dos cenários 3 e 4. No cenário 3, o custo da arquitetura de segurança SE-OpenMRS, em termos de tempo médio, é medido para a política de segurança DRBACi, que inclui a chamada do PEP, o PDP e o custo de processamento do PDP. Por outro lado, no cenário 4, é medido o custo da arquitetura de segurança OpenMRS com RBAC integrado, em termos de tempo médio, que inclui o custo da chamada do PEP, do PDP, do processamento do PDP e do acesso aos objectos da base de dados hibernate. Assim, nesta comparação, a diferença entre o tempo médio da arquitetura de segurança SE-OpenMRS e OpenMRS é ilustrada na Figura 6.4. O tempo médio para aceder a 10 recursos no cenário 3 (SE-OpenMRS) é de 0,84 ms, enquanto no cenário 4 (OpenMRS) o tempo médio para aceder a 10 recursos é de 0,96 ms. O tempo médio adicional de 0,12 ms no OpenMRS é causado pela complexa estrutura de código da arquitetura de segurança do OpenMRS com a política de segurança RBAC integrada. A política de segurança RBAC é aplicada na camada de serviço e na camada de apresentação do OpenMRS, onde os dados da política são guardados na camada da base de dados. Tal como já foi referido na subsecção 3.1.2, a relação entre as funções dos utilizadores e o mapeamento dos privilégios existe na base de dados, pelo que, no OpenMRS, quando é solicitada uma decisão política, a relação entre as funções e os privilégios do utilizador é verificada através do acesso aos objectos da base de dados criados pelo mapeador relacional de objectos Hibernate. No SE-OpenMRS, a camada de segurança é consultada para decisões políticas que não envolvem o acesso a objectos da base de dados hibernate. Isto mostra que o desempenho da arquitetura de segurança do SE-OpenMRS é bastante eficiente para as decisões políticas.

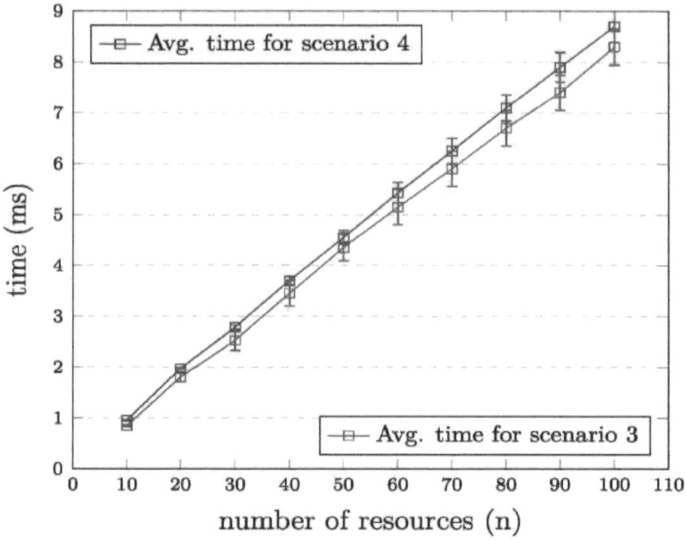

Figura 6.4: Custo da operação de acesso aos recursos (SE-OpenMRS & OpenMRS).

6.5.4 Cenário 5 vs Cenário 6

Na Figura 6.5, o eixo y mostra o tempo em ms, enquanto o eixo x mostra as operações do esquema de autorização e da base de dados no SE-OpenMRS e no OpenMRS, e.g., adicionar, apagar e atualizar. As barras azuis mostram o tempo médio para executar um esquema de autorização ou operações de banco de dados no SE-OpenMRS. As barras verdes mostram o tempo médio para efetuar operações de base de dados no OpenMRS. As barras de erro vermelhas mostram o desvio padrão.

A Figura 6.5 mostra a comparação do tempo médio dos cenários 5 e 6. No cenário 5, o custo da execução do esquema de autorização e das operações da base de dados é medido no SE-OpenMRS, por exemplo, as operações são adicionar, eliminar e atualizar um utilizador. As operações de adicionar, apagar e atualizar um utilizador são o único caso em que um esquema de autorização e operações de base de dados são executados no SE-OpenMRS. Por outro lado, no caso das operações de adição de *função/privilégio, eliminação* de *função/privilégio* e atualização de *função/privilégio,* apenas as operações do esquema de autorização são executadas no SE-OpenMRS. No cenário 6, o custo da execução das operações de base de dados é medido no OpenMRS, por exemplo, as operações de adição, eliminação e atualização de um utilizador. No OpenMRS, apenas são executadas operações de base de dados para todos os casos de alteração do estado da base de dados, por exemplo, os casos são: adicionar *utilizador/função/privilégio,* eliminar *utilizador/função/privilégio* e atualizar *utilizador/função/privilégio.*

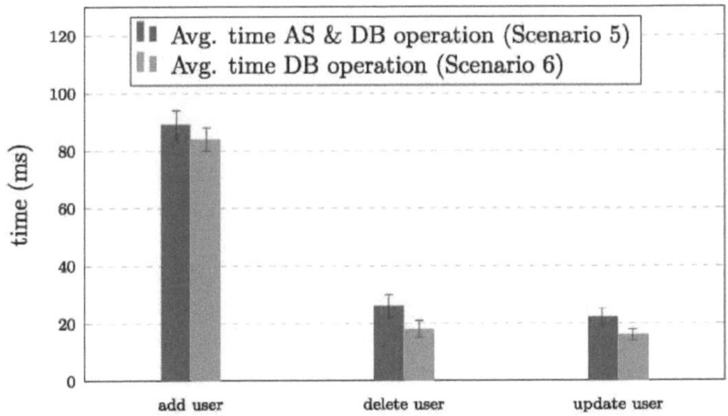

Figura 6.5: Esquema de autorização e custo de execução da operação da base de dados.

A Figura 6.5 mostra que o custo médio das operações de adição, eliminação e atualização de utilizadores no SE-OpenMRS é superior ao do OpenMRS, uma vez que as operações no SE-OpenMRS requerem um esquema de autorização e operações de base de dados, enquanto no OpenMRS apenas são realizadas operações de base de dados. Isso mostra que as operações de adição, exclusão e atualização de usuários no SE-OpenMRS introduzem um pequeno overhead. No entanto, no caso das operações de adição de *função/privilégio, eliminação* de *função/privilégio* e atualização de *função/privilégio* no SE-OpenMRS, o desempenho é melhorado, uma vez que estas operações apenas executam operações de esquema de autorização. Além disso, o overhead da operação de adição de utilizador é elevado porque envolve duas operações de base de dados. Por exemplo, quando um novo utilizador é criado, primeiro é necessário criar uma nova pessoa e, em seguida, é possível criar um novo utilizador, o que implica a consulta de duas tabelas diferentes da base de dados, o que causa este custo adicional no OpenMRS e no SE-OpenMRS.

6.5.5 Interpretação

A comparação entre diferentes cenários é efectuada considerando duas categorias de operações, ou seja, *Operações de Acesso a Recursos* e *Esquema de Autorização e Operações de Base de Dados.* Na primeira categoria de operações, a comparação entre o SE-OpenMRS e o OpenMRS mostra que o desempenho do SE- OpenMRS é melhorado em 14 a 15%. Na segunda categoria de operações, a comparação entre o SE-OpenMRS e o OpenMRS mostra que o desempenho do SE-OpenMRS é superior ao das operações de adição, eliminação e atualização de utilizadores. O custo é elevado devido às operações de base de dados, que podem ser toleradas com a funcionalidade de suporte flexível. Além disso, não existem caches para as decisões de segurança, a arquitetura de segurança do SE-OpenMRS tem um bom desempenho sem qualquer cache. O desempenho pode também ser melhorado através da introdução de um mecanismo de armazenamento em cache das decisões de segurança na camada de serviço do SE-OpenMRS.

CAPÍTULO 7

Resumo

O objetivo geral deste trabalho foi redesenhar a arquitetura de segurança do OpenMRS para fornecer o suporte de políticas flexíveis, que permite aos utilizadores com direitos de acesso mudar para uma política de segurança diferente sem alterar a arquitetura de segurança subjacente. Os objectivos deste trabalho são alcançados através da utilização das ideias da arquitetura de segurança Flask [SSL+99], que inclui um monitor de referência e o TCB. Os princípios do monitor de referência e os conceitos do TCB contribuíram para redesenhar a arquitetura de segurança do OpenMRS para construir o sistema SE-OpenMRS. A ideia de introduzir um monitor de referência no sistema contribui para satisfazer os princípios do monitor de referência e os conceitos do TCB. A análise do OpenMRS em três camadas diferentes orientou o roteiro para a introdução de uma nova camada de segurança que actua como monitor de referência e um TCB. O monitor de referência introduzido separa os PEP's e os PDP's no sistema SE-OpenMRS, o que corresponde às ideias da arquitetura de segurança Flask. A camada de segurança contém todas as políticas de segurança incluídas no suporte flexível de políticas. Além disso, as principais decisões de conceção tomadas nas diferentes camadas do SE-OpenMRS seguem os três princípios do monitor de referência e os conceitos do TCB, o que permite que o sistema suporte a mudança para uma política de segurança diferente.

O SE-OpenMRS desenvolvido foi avaliado quanto ao suporte flexível das políticas de controlo de acesso e à identificabilidade do TCB. Os resultados da avaliação mostram que o sistema SE-OpenMRS é suficientemente flexível para as políticas de controlo de acesso através da introdução de alguns conjuntos de requisitos. Além disso, para verificar a TCB, foram introduzidos alguns conjuntos de condições que verificam se um componente funcional pertence ou não à TCB. Além disso, o desempenho global do sistema é melhorado através da remoção da complexa estrutura de código da arquitetura de segurança OpenMRS com a política de segurança RBAC integrada.

Conclusão

A ideia de um suporte flexível da política de segurança em diferentes aplicações de software como o OpenMRS não é verdadeiramente adoptada pelas indústrias, a fim de manter os requisitos mínimos do ciclo de vida de desenvolvimento do software (SDLC). No entanto, com o passar do tempo, esta ideia de incluir um suporte flexível de políticas tornar-se-á mais madura, uma vez que permite analisar os requisitos de segurança do sistema subjacente, mudando para uma política de segurança diferente em tempo real sem alterar a arquitetura de segurança subjacente. Assim, permite aos gestores de segurança analisar o sistema de software de diferentes perspectivas de segurança.

Trabalho futuro

O SE-OpenMRS oferece suporte flexível a políticas de segurança para políticas de controlo de acesso. No entanto, outros tipos de políticas de segurança, por exemplo, *políticas de não-interferência* ou de *fluxo de informações,* também podem ser suportados através da modificação da arquitetura de segurança subjacente.

O sistema SE-OpenMRS está a funcionar com base num sistema de privilégios, onde são atribuídos privilégios aos recursos. Os utilizadores do SE-OpenMRS que possuem os privilégios podem aceder aos recursos. O SE-OpenMRS suporta apenas os modelos de política de segurança $RBAC_0$ e RBACi da família de modelos RBAC. Como não há restrições no sistema SE-OpenMRS, as políticas RBAC2 e RBAC3 não são implementadas. No entanto, podem ser introduzidas restrições no sistema a fim de suportar mais políticas de segurança baseadas no controlo do acesso.

Durante a avaliação do SE-OpenMRS na secção 6.3, são discutidos três conjuntos de requisitos para introduzir uma nova política de segurança baseada no controlo de acesso em três camadas diferentes do SE-OpenMRS. Este conjunto de requisitos é seguido para introduzir uma nova política de controlo de acesso. No entanto, estes requisitos são cumpridos manualmente, ou seja, através de modificações nas diferentes camadas:

1. Inclusão da classe de política de segurança na camada de segurança e desenvolvimento do serviço de interface para a classe de política de segurança recentemente introduzida.
2. Aplicação de novas PEP na camada de serviço e na camada de apresentação.
3. Modificação da secção *Gerir política* no módulo *UI Legacy para* permitir a mudança para uma nova política de segurança injectada.

No entanto, os requisitos acima referidos também podem ser eliminados através da automatização do processo de inclusão de políticas, através das seguintes ideias:

1. Pode ser desenvolvida uma aplicação Web que possa interagir com a camada de segurança. Esta aplicação só estará acessível a utilizadores autorizados, que fornecerão uma interface de utilizador para navegar e submeter classes de políticas de segurança. Esta aplicação comunicará com a camada de segurança para injetar as políticas de segurança e tornar-se-á parte do TCB. Além disso, será necessária a geração automática de código na camada de segurança, para fornecer novos serviços de interface de políticas de segurança à camada de serviço.
2. Na camada de serviço, existe apenas uma única PEP que comunica diretamente com a camada de segurança. É possível automatizar a aplicação da política de segurança recentemente injectada através da geração automática de código PEP na camada de serviço.
3. Na camada de apresentação, a secção *Gerir política* pode ser redesenhada para adicionar dinamicamente os controlos de comutação, de modo a permitir a comutação de políticas.

Bibliografia

[AJ95] Marshall D Abrams e Michael V Joyce. Trusted system concepts. *Computers & Security,* 14(l):45-56, 1995.

[JP Anderson. Estudo de planeamento da tecnologia de segurança informática [R]. Relatório Técnico ESDTR-73-51. Divisão de Sistemas Electrónicos da Força Aérea, Hanscom AFB, Bedford. 1972.

[Docl6] Spring Docs. *AOP with Spring framework,* (acedido em 24 de dezembro de 2016). http://docs.spring.io/spring/docsZ3.0.5.RELEASE/ reference/aop.html.

[Docl7a] Java Docs. *Final class,* (acedido em 11 de março de 2017). https: //docs. oracle.com/j avase/tutorial/j ava/Iandl/f inal.html.

[Docl7b] Oracle Docs. *Tipagem forte em Java,* (acedido em 11 de janeiro de 2017). https://docs.oracle.com/j avase/specs/jls/se7/html/ jls-4.html.

[Docl7c] Oracle Docs. *Type annotations,* (acedido em 11 de janeiro de 2017). https://docs. oracle.com/ j avase/tutorial/j ava/annotations/ type_annotations.html.

[Docl7d] Oracle Docs. *Singleton,* (acedido em 19 de março de 2017). http://www.oracle. com/technetwork/articles/j ava/ singleton-1577166.html.

[Docl7e] Oracle Docs. *Abstract Methods,* (acedido em 21 de maio de 2017). https: // docs.oracle.com/j avase/tutorial/j ava/Iandl/abstract.html.

[Docl7f] Oracle Docs. *HashMap,* (acedido em 22 de março de 2017). https: //docs. oracle.com/j avase/7/docs/api/j ava/util/HashMap.html.

[Docl7g] Oracle Docs. *Classes aninhadas,* (acedido em 22 de março de 2017). https: //docs.oracle.com/j avase/tutorial/j ava/javaOO/nested.html.

[Kitl5] Fabian Kittier. Conceção de uma linguagem de especificação baseada no núcleo para políticas RBAC dinâmicas. Trabalho de mestrado, Technische Universitat Ilmenau. 2015.

[LS01] Peter Loscocco e Stephen Smalley. Integrando Suporte Flexível para Políticas de Segurança no Sistema Operacional Linux. Em *Proceedings of the FREENIX Track: 2001 USENIX Annual Technical Conference,* páginas 29-42, Berkeley, CA, EUA, 2001. Associação USENIX.

[Manl7] Manual do Linux. *Renice,* (acedido em 20 de abril, 2017). http://man7. org/linux/man-pages/manl/renice.1 .html.

[MBW+ 06] Burke W Mamlin, Paul G Biondich, Benjamin A Wolfe, Hamish Fraser, Darius Jazayeri, Christian Allen, Justin Miranda e William M Tierney. Cooking up an open source EMR for developing countries: Open-MRS - uma receita para uma colaboração bem sucedida. Em *AMIA,* 2006.

[Orgl6a] Hibernate Org. *Object relational mapping,* (acedido em 25 de dezembro de 2016). http://hibernate.org/.

[Orgl6b] Liquibase Org. *Database change-log,* (acedido em 25 de dezembro de 2016). http://www.liquibase.org/.

[Orgl6c] OpenMRS Org. *OpenMRS modules search,* 2011 (acedido em 2 de dezembro de 2016). https://modules.openmrs.org.

[Orgl6d] OpenMRS Org. (acedido em 2 de dezembro de 2016). https://openmrs. org/.

[Orgl7a] Draw.io Org. *Draw IO, Image is designed using an online tool Draw.io,* (acedido em 12 de janeiro de 2017). https://www.draw.io.

[Orgl7b] OpenMRS Org. *OpenMRS Floss Manual, Creating first module,* (acedido em 16 de março de 2017). http://write.flossmanuals.net/ openmrs-developers-guide/creating-your-first-module/.

[RFCS15] Syed Zain Rizvi, Philip W.L. Fong, Jason Crampton e James Sellwood. Controlo de acesso baseado em relações para um sistema de registos médicos de código aberto. Em *Proceedings of the 20th ACM Symposium on Access Control Models and Technologies,* S ACM AT T5, páginas 113-124, Nova Iorque, NY, EUA, 2015. ACM.

[Syed Zain Rizvi. *Access control in OpenMRS,* 2011 (acedido em 2 de dezembro de 2016). https://wiki.openmrs.org/display/docs/Access+ Control+in+OpenMRS.

[Rizl7] Syed Zain Rizvi. *Verificação de privilégios do mecanismo de autorização,* (acedido em 7 de janeiro de 2017). https://wiki.openmrs.org/display/ docs/Privilege+ Checking+ for+ Access+Control+in+OpenMRS.

[SCFY96] Ravi S. Sandhu, Edward J. Coyne, Hal L. Feinstein e Charles E. Youman. Role-Based Access Control Models. *IEEE Computer,* 29(2):38-47, fevereiro de 1996.

[Schl3] Marius Schlegel. Auscultação simbólica de modelos dinâmicos de controlo de segurança RBAC. Bachelorarbeit, Technische Universitat Ilmenau. 2013.

[SSL+99] Ray Spencer, Stephen Smalley, Peter Loscocco, Mike Hibler, David Andersen e Jay Lepreau. A Arquitetura de Segurança Flask: Suporte de sistema para diversas políticas de segurança. Em *Proceedings of the 8th Conference on USENIX Security Symposium - Volume 8,* SSYM'99, páginas 11-11, Berkeley, CA, EUA, 1999. Associação USENIX.

[Wikl6a] Wiki do OpenMRS. *Criação de módulos OpenMRS,* 2011 (acedido em 2 de dezembro de 2016). https://wiki.openmrs.org/display/docs/ Creating+Modules.

[Wikl6b] Wiki do OpenMRS. *OpenMRS design,* 2011 (acedido em 2 de dezembro de 2016). https://wiki.openmrs.org/display/docs/Technical+ Overview.

[Wikl6c] Wiki do OpenMRS. *OpenMRS data model tables detail view,* (acedido em 25 de dezembro de 2016). http://burkeware.com/ openmrs-data-mode1/.

[Wikl6d] Wiki do OpenMRS. *Concepts data types,* (acedido em 26 de dezembro de 2016). https://wiki.openmrs.org/display/docs/Managing+ Concept+Datatypes.

[Wikl6e] Wiki do OpenMRS. *Modelo de dados,* (acedido em 26 de dezembro de 2016). https://wiki.openmrs.org/display/docs/Data+Model.

[Wikl6f] Wiki do OpenMRS. *Diagrama ER do modelo de dados,* (acedido em 26 de dezembro de 2016) https://wiki. openmrs.org/ display/docs/Data+Model? preview=/589829/ 34374263/ openmrs_data_ model_1.9.0.png.

[Wikl6g] Wiki do OpenMRS. *Roles and privileges,* (acedido em 27 de dezembro, 2016). https://wiki.openmrs.org/display/docs/Administering+ Users.

[Wikl7a] Wiki do OpenMRS. *Legacy UI module,* (acedido em 12 de março de 2017). https://wiki.openmrs.org/display/docs/Legacy+UI+Module.

[Wikl7b] Wiki do OpenMRS. *Module Hibernate Mapping,* (acedido em 13 de março de 2017). https://wiki.openmrs.org/display/docs/Module+ Hibernate+Mapping+Files.

[Wikl7c] Wiki do OpenMRS. *Module Liquibase file,* (acedido em 13 de março de 2017). https://wiki.openmrs.org/display/docs/Module+ liquibase+File.

MIX
Papier aus verantwortungsvollen Quellen
Paper from responsible sources
FSC® C105338

Printed by Books on Demand GmbH, Norderstedt / Germany